PLAISIR EN BOUCHE

BÉATRICE JOYAUD

PLAISIR EN BOUCHE

nrf

GALLIMARD

À Jean Jaffré, professeur de français
en classe d'hypokhâgne au lycée
Victor-Duruy,
qui m'a appris à lire.

À Paule Simottel †, née Richard,
qui m'a appris à rire.

PREMIÈRE PARTIE

CHAPITRE I

Balthazar Chacun naquit dans une huître. Du moins, c'est ce qu'il crut pendant des années. Il était né dans une huître, car, disait la gardienne de l'orphelinat avec un fort accent marseillais, « d'une huître parfois naît unc perle ». Un commissaire de police, Planchon, l'avait trouvé l'an deux mil... devant la porte du commissariat, celui du XVIIIe arrondissement de Paris, à cinq heures du matin : un horrible panier gris, à anse, qu'on utilise généralement pour y mettre les chats, duquel sortaient des petits cris aigus et stridents. Il avait ouvert le panier et découvert le minois de l'enfant vagissant.

Il l'avait appelé Chacun, comme d'aucuns l'auraient appelé Pavé, Delarue, Trouvé ou Nemo. Il y a des noms qui viennent immédiatement à l'esprit, dans ces cas-là. Planchon trouvait que le nourrisson ne présentait aucun signe particulier, et qu'il aurait pu être l'enfant de tout le monde, de tout un chacun. D'où le nom de Chacun. Quant à Balthazar, ça faisait romanesque.

Ainsi, pourvu en tout et pour tout d'un nom et d'un prénom, Balthazar Chacun vécut plus de quinze ans (on ne connaissait pas son âge avec précision) à s'inventer sa propre histoire : il était né dans une huître ; il avait été abandonné par des gens très bien ; sa mère était une femme de la très haute bourgeoisie dont la virginité avait été perdue au hasard d'une erreur de jeunesse ; l'un ou l'autre de ses parents, qui avaient certainement mûri avec le temps, allait venir le chercher d'un moment à l'autre. Mais, vers quinze ans, il cessa de se raconter des histoires. Il s'enfuit de l'orphelinat.

Personne n'entreprit de le rechercher. Car il n'intéressait pas âme qui vive.

Il erra plusieurs mois, dans tous les sens.

*

Balthazar avait faim. Vautré dans la vie, il commençait à mûrir des idées sournoises quand, au hasard d'une discussion sur le zinc peu brillant d'un café enfumé, il fit la connaissance d'Helga.

La fille était belle. Un peu vulgaire, peut-être, mais belle quand même. Et puis, à cette heure de la nuit, on ne peut pas faire le difficile. C'est une constante, les belles filles ne sortent pas la nuit. Elles n'en ont pas besoin. Il ne reste que les moches et les putains sans client à claquer le pavé parisien mouillé par la pluie. Helga était, dans ces conditions, une opportunité. Ils s'amusèrent à échanger des propos acides sur les gens, Paris, la vie. Elle parlait beaucoup, les mots lui montaient à la tête. Le bistrot fermait, ils sortirent. Il emmena la fille un peu facilement jusqu'à chez lui, une pauvre chambre de bonne abandonnée, juchée au septième étage sans ascenseur d'un immeuble blafard, et la déshabilla. La peau était nette et sentait ce doux mélange très parisien des effluves sucrés du métro, de la sueur d'une longue journée de travail et d'un parfum bon marché. Il l'amena à lui et lui lécha la peau. Il aimait lécher la peau des filles. Cela lui permettait de s'en faire, lui qui savait à peine écrire, une sorte de fiche signalétique. Il décodait ainsi leur degré de propreté, bien sûr, mais également leur niveau social, parfois même leur métier et leur nationalité, tout cela sans qu'elles eussent à parler et lui à les écouter. Sa langue constituait un fabuleux instrument érotique aussi, car il paraît qu'il léchait bien. La fille se laissa lécher sans broncher et sa nonchalance ajouta à l'appétence du jeune fou. Il la prit alors brutalement et longtemps, saoulé par la faim et l'excitation, avant de sombrer dans un sommeil confondu.

Ils avaient dormi. La fille se rhabillait, un peu pouponne encore. D'une timidité plutôt tardive, elle rajustait dans sa robe ses petits seins ronds ravissants. À ce moment-là, il décida de ne pas la quitter. Ils sortirent, et c'est autour du petit noir du matin qu'elle lui proposa de travailler avec elle comme plongeur *Au Toqué d'à côté*, le restaurant de son oncle.

*

Très gros et mal assuré quand il marchait, l'oncle Robert portait un pantalon de velours côtelé avec un chandail épais de couleur indéfinissable. Sur son nez épaté étaient posées de grosses lunettes d'écaille rousses derrière lesquelles luisaient deux yeux sympathiques. La pointe de ses oreilles était rouge, presque violacée, et son cou, rouge aussi, semblait étouffer dans le col de sa chemise pourtant largement ouvert. Sa respiration rapide, un peu bruyante, pouvait laisser supposer que l'homme était malade. Le vieil homme voyait que le garçon était crispé. Un bon signe, ça, cela veut dire qu'il est capable d'accorder de l'importance à des choses. On en voit tellement, des jeunes, mi-hommes, mi-femmes, cheveux longs, mous, si mous, de longues asperges sans vigueur, traînant des pieds, le clope au bec, sans passion, ni amoureuse ni politique, sans rêve, sans but. Un cauchemar pour leurs aînés, une punition collective pour la société. L'enfant paraissait être âgé d'une bonne quinzaine d'années, comme Helga en somme. Une tête de pomme de terre déracinée, les cheveux en pétard, la gueule enfarinée d'un môme des rues qui ne prend jamais le grand air. Des vêtements sombres et rapiécés. Un corps osseux qui ne prendrait pas trop de place dans la cuisine exiguë. Et puis, il avait l'œil vif. L'oncle l'engagea. C'est ainsi que Balthazar trouva du même coup, sans plus d'histoire, un toit, un métier, un oncle et une femme. Il avait rattrapé son retard de quinze ans, il était même en avance sur la vie.

*

L'oncle tenait de main de maître ce restaurant sans prétention mais connu pour la qualité de sa cuisine traditionnelle. *Au Toqué d'à côté*, on se sentait comme à la maison. On se mettait à table, on posait familièrement les coudes sur la nappe à carreaux rouges et blancs, comme des enfants, on régressait doucement et on attendait que le chef de la maison vînt dire bonjour, échanger quelques mots sur tout et rien et, surtout, annoncer le menu du jour qui ne figurait sur aucune carte. Et pour cause, *Au Toqué d'à côté*, on mangeait uniquement ce qui avait été cueilli, chassé et pêché au cours du week-end précédent. Le lièvre à la royale cuisiné par lui était une merveille de finesse. Il fondait dans la bouche et se mêlait intimement aux pommes de terre râpées et rissolées recouvertes de son sang, dans un brouet savoureux.

Au Toqué d'à côté était toujours plein d'une assistance

joyeuse. À midi, les députés de la Chambre des lois s'y pressaient gaiement, un verre de bon vin à la main, échangeant à l'abri du vacarme les potins et les confidences du moment. Le soir, les couples du quartier venaient y passer un moment de repos et goûter la sérénité et le calme de cette maison familiale. L'oncle Robert passait de table en table en soufflant, heureux de contenter ses clients, heureux surtout que la vie puisse passer si simplement. Sincère, trop franc pour être capable de flagornerie, il était sans le savoir la coqueluche de l'endroit.

Ces années-là passèrent remarquablement vite. Balthazar était rapidement passé de la plonge au service de table qui ne l'intéressait pas et du service de table à la cuisine proprement dite. Les mets qu'on servait *Au Toqué d'à côté* étaient très variés. Il découvrit ou redécouvrit toutes sortes de légumes, de viandes, de poissons. Il apprit à les choisir sur les marchés, où il allait, dès l'aube, avec l'oncle, qui « parlait comme dans les livres ». Dans la cuisine surtout, il apprit à manger : sentir le parfum vert et tendre d'une jeune pousse avant la cuisson, apprécier le croquant d'un haricot vert cuit à point, mastiquer avec délice une côte de bœuf fondante. Sa tâche consistait à faire les courses et à assister l'oncle dans la préparation des plats et la surveillance des cuissons. Il travaillait beaucoup. Durant ces années de cuisine, il occupa ses heures libres, rares dans ce métier où il n'existe pas de jour de repos, où il n'existe pas de matinée ou de soirée paresseuse, à faire et refaire et refaire encore toutes les recettes qu'il lisait dans les livres, les unes après les autres, comme un élève de musique répéterait ses gammes, inlassablement. Guidé tout au long de cet apprentissage dans ses plus petits gestes par l'oncle, attentif à la façon de peler une tomate, de découper le gibier, de cuisiner le poisson, qu'il fallait « simplement réchauffer, surtout pas cuire », il était passé, sans le savoir vraiment, maître dans les arts de la bouche. Devenu progressivement gourmet, il se surprit à rehausser sans la casser la saveur d'une sauce marchande, à jeter les plats qui étaient bons sans être excellents. Il avait trouvé sa voie. À dix-huit ans, il se maria avec Helga et prit pour cette occasion son premier jour de congé.

*

L'apprentissage devint difficile, Balthazar développant avec l'âge une personnalité affirmée, à cent lieues du gamin des rues timoré que l'oncle avait recueilli. Un jour, le jeune homme avait disposé agréablement sur un plateau quelques feuilles d'un vieux chêne roussi sur lesquelles il avait posé un livarot et une belle grappe de raisin noir. L'ensemble formait un tableau automnal agréable à l'œil. La noirceur du raisin semblait prolonger la rousseur des feuilles mortes sur lesquelles s'épanouissait généreusement le produit moelleux. La douce odeur des feuilles tièdes et putrides sublimait l'arôme rond qu'exhalait le fromage bien fait.

L'apprenti s'émouvait du plaisir esthétique et olfactif que lui procurait le fromage de vache et s'apprêtait à servir fièrement le plateau ainsi composé lorsque l'oncle l'interrompit brusquement dans sa veule rêverie. « Balthazar, imagine-toi ce livarot fondant dans ta bouche, accompagné d'un raisin noir et âcre dont l'acide tartrique de la chair soudain se collera sauvagement à tes dents et dont l'amertume d'un grain malencontreusement croqué voilera ton palais telle une marâtre acariâtre pour repousser les plaisirs de l'amour ! Préfère l'acide malique, vert et plus rond, d'une pomme bien sucrée, qui calmera la note aigrelette et piquante de ton livarot.

Balthazar, peu importent les couleurs et les odeurs, concentre-toi sur la saveur ! »

Balthazar, dépité, débarrassa prestement le plateau de la belle grappe et remplaça celle-ci par une pomme. Il savait que l'oncle avait raison. Mais, rageur, il se jura ce jour de réussir seul l'incroyable pari de conjuguer beauté et excellence de ses plats.

Il sentait que son apprentissage prenait doucement fin. Nourri depuis quelques années d'affection et de conseils, il commençait à penser qu'avoir des parents ne présente pas que des avantages. Ayant achevé de grandir, il était devenu homme, avait trouvé sa femme et sa vocation, et souhaitait se libérer de cette tutelle qui le gênait comme une mauvaise greffe qui n'avait jamais bien pris. L'oncle vieillissait et, bonhomme, comptait offrir au jeune couple la succession de la maison, dans quelques années. Toutefois, Balthazar pensait que le restaurant n'avait pas assez de place, même pour une durée limitée, pour deux hommes adultes. Ou plutôt non, il pensait plus précisément que ce restaurant n'avait pas assez de place pour lui. Il sentait confusément que son talent était grand et commençait à rêver d'un destin de grand chef.

Un jour, au cours d'une discussion de fin de déjeuner qu'il entama avec l'un des clients du restaurant, celui-ci lui apprit qu'il existait à Paris une école prestigieuse, l'École nationale de gastronomie, qui formait depuis plus de cent ans les meilleurs cuisiniers. D'après lui, cette école avait vu passer les plus grands chefs du monde. L'école était chère et durait deux ans. Toutefois, elle proposait quelques bourses chaque année, sur concours. Balthazar se renseigna. La date de celui-ci était proche. Avait-il besoin de cette école ? Il savait déjà bien cuisiner. Il décida de le tenter. Ce concours allait lui donner l'occasion de se mesurer avec d'autres. Et puis, le réussir lui offrirait l'opportunité de rencontrer des gens de son âge, et de sortir de l'atmosphère un tantinet désuète d'*Au Toqué d'à côté*. L'année de son mariage avec Helga, il s'y présenta. Le concours consistait en la confection de plats qu'il maîtrisait parfaitement depuis longtemps. Il le trouva incroyablement facile et le remporta aisément.

CHAPITRE II

L'École nationale de gastronomie avait l'air désuet des pensionnats du siècle dernier. D'abord, par son emplacement au cœur du Quartier latin. Ensuite, par son architecture imposante et austère, qui empruntait aux collèges séminaristes d'antan. Enfin, l'établissement ne comptait qu'une fille parmi les cent vingt élèves. Dieu seul sait pourquoi les femmes chefs sont si peu nombreuses ! Cette élève-ci, bien qu'elle fût douée, était timorée, peut-être parce qu'elle était un peu grosse. Les élèves, qui la tourmentaient parfois, l'appelaient « la Fille ». Cette absence de mixité, bien involontaire, était cause de nombreuses turbulences car, dans cette école, privés de la fréquentation assagissante des jeunes femmes de leur âge, les élèves perdaient en maturité ce qu'ils gagnaient en talent.

C'est à l'École nationale de gastronomie, au contact de ses camarades venus du monde entier et de ses professeurs, qui comptaient parmi les plus grands chefs de ce temps, que Balthazar prit conscience que son palais était LE PALAIS LE PLUS FIN. Lors des séances d'entraînement à la dégustation, alors que ses yeux étaient bandés, après avoir mastiqué durant quelques secondes une bouchée, par exemple de navarin d'agneau, de pigeon aux herbes à l'étouffée ou de tarte à la mandarine et aux poires confites, il pouvait décrire, un à un, en distinguant les paliers gustatifs, tous les ingrédients qui avaient été utilisés pour ces combinaisons parfois fort complexes. Mieux encore, il était capable de reconstituer l'exacte composition du plat, en précisant les dosages de chaque ingrédient et de chaque épice au gramme près. Ce n'était pas tout. Il pouvait aussi trouver la provenance de tel ou tel ingrédient utilisé. Par exemple, il était capable, uniquement au goût, de reconnaître une framboise de Tchécoslovaquie en précisant avec exactitude sa province d'origine. Balthazar en riait aux éclats. Il était content et trouvait mille façons d'exhiber ses talents : en se bandant les yeux, en se bouchant le nez, en emplissant sa bouche de glace pilée ; tel un artiste de foire faisant son numéro de cirque, il multipliait les handicaps devant ses camarades ébahis et, malgré cela, réussissait des exploits d'analyse gustative. Tout cela l'amusait beaucoup. La vie se révélait tout à coup d'une incroyable facilité.

Cette faculté de déconstruire un plat et, partant, d'en dévoiler les mystères lui permit de créer, sur la base des multiples ingrédients que son esprit avait enregistrés, de nouvelles combinaisons, parfois classiques, souvent osées, toujours très bonnes. L'oncle avait raison quand il disait qu'il dominait toutes les techniques culinaires. Ses professeurs et ses camarades s'en rendirent vite compte. Ses plats étaient excellents, qu'ils fussent sucrés ou salés, exotiques ou traditionnels. L'expérience acquise dans la cuisine de l'oncle fut à cet égard bien précieuse. Il ne progressa donc pas dans la confection de plats ; mais son passage à l'école lui permit de constater la nette supériorité de ses papilles sur toutes celles de son temps et le rendit légèrement fat et très ambitieux.

Sa promotion était exceptionnelle. Les professeurs n'avaient jamais vu pareille concentration d'élèves aussi doués : Balthazar Chacun, Marc Lepan, Charles Perduré pour la cuisine, Xavier Berthelin pour l'œnologie, autant de jeunes gens talentueux et très prometteurs qui se distinguaient. Le jeune Balthazar Chacun se détachait pourtant. Il était doté de dons incroyables. Un prodige. Mais, probablement trop brillant, il perdait son temps dans cette école. Il s'ennuyait, refusait obstinément la discipline qui y était instaurée et devint le principal élément perturbateur de l'établissement. Il ne travaillait pas. Il sortait souvent de l'école, ne supportant pas le principe même de la leçon. Il se promenait, mains dans les poches, dans ce Quartier latin qui fourmillait de milliers d'écervelés frôlant sans les reconnaître les majestueux piliers du savoir. Il passait les heures ainsi, à humer l'haleine des arbres effeuillés du jardin du Luxembourg ou le parfum chaud et écœurant qu'exhalaient les camionnettes rose et blanc regorgeant de friandises. Quand il décidait d'assister à un cours, il s'emportait souvent contre des professeurs, les reprenant au milieu d'un conseil, ou encore critiquant leur façon de cuire une viande.

Un jour, il traita l'un d'eux d'incompétent et, de fureur, déversa sur la tête du vénérable chef un compotier entier de purée de navets. Balthazar se sentait enfin totalement libre de dire et de faire ce que lui commandait son esprit. Ses pensées vagabondaient sans contrainte ni limite, son ambition enflait de jour en jour, et il se dégageait du jeune homme une autorité naturelle fascinante pour son âge. Entouré de cette poignée d'élèves surdoués qui ne se quittaient jamais, il aimait plus que tout passer son temps à débattre avec ses amis, parfois avec violence, toujours avec passion.

La bande d'amis aimait clore une soirée par une visite

clandestine dans les cuisines de l'école, pour s'exercer à son jeu favori : l'un d'entre eux était désigné pour faire la cuisine à l'aveugle, les yeux bandés, et composer sans consulter de recette, un plat commandé par les autres. Les jeunes gens s'empiffraient alors bruyamment jusqu'à l'aube aux frais de la vénérable institution.

Balthazar et ses amis Berthelin, Lepan et Perduré s'attachaient aussi à faire valoir leurs convictions sur le thème du cosmopolitisme du goût. Un groupe d'élèves s'était créé, « Défense du Terroir », qui s'alarmait et tentait d'alerter les professeurs et les autres élèves sur ce qu'ils appelaient la déviance de la cuisine française. Ils se plaignaient que les cuisines exotiques déferlassent sur notre territoire et que les matières premières étrangères, dont certaines étaient encore inconnues en France il y a trente ans, fussent utilisées par les chefs français. Cette évolution était, selon eux, dangereuse, car elle risquait de faire des Français des déracinés qui oublieraient leur culture, leur nationalité et finalement leur identité. Fort de cette théorie, ce groupe d'élèves organisa une manifestation dans le Quartier latin afin de sensibiliser l'opinion et les pouvoirs publics à leurs idées. Il fallait interdire, de toute urgence, la création des restaurants étrangers en France, qui étaient trop nombreux. En tant que chefs, il fallait agir individuellement en cessant d'introduire dans la préparation des plats français des ingrédients qui ne faisaient pas partie de notre terroir. Berthelin, Lepan, Balthazar et Perduré s'opposèrent vivement à cette pensée, qu'ils jugeaient simpliste, réactionnaire et très dangereuse. Non, la cuisine française n'était pas figée. Oui, il fallait qu'elle continue d'évoluer en fonction des mœurs et des voyages des Français.

Le matin du jour de la manifestation, les quatre amis, rejoints par quelques élèves, demandèrent au chef de « Défense du Terroir » d'annuler la manifestation projetée. Pour toute réponse, d'immenses banderoles affichant des mots pleins de haine se déployèrent, « Défense du Terroir » scanda un court chant de ralliement et, au bruit d'un cor de chasse, commença sa marche vers la sortie de l'école. C'est alors que Balthazar hurla : « Bande de borgnes ! » Il courut à leurs trousses et, avant même que le cortège n'atteignît les grilles, il avait mis à terre le chef d'un coup de poing dans la mâchoire et lapidé la file de jeunes à coups de jets de cailloux et de marrons. S'ensuivirent des hurlements de toutes parts, les amis de Balthazar essayant de contenir sa violence, et les victimes, parfois ensanglantées, criant de douleur de tous leurs poumons. Galvanisé par ces cris, Balthazar frappait à coups acharnés les corps qui tombaient près de lui en poussant des rugissements de bête. Il laboura l'un d'eux de coups de pied, puis, lui tenant à la fois le menton et les cheveux, lui fit mordre la poussière en criant : « Ah, tu l'aimes donc ta terre, eh bien mange-la ! » La bagarre durait. Un instant, dans la confusion des corps, gisant à ses pieds, il reconnut « la Fille ». Il s'approcha d'elle. Prise de peur, elle tenta de prévenir ses coups en le frappant au visage, en criant à l'aide. Il ne put réagir : le chef de l'établissement, alerté par ces appels, le tirait par l'oreille.

Balthazar fut assigné à passer quelques jours au « mitard » de l'établissement, en fait une petite chambre meublée d'un lit, de toilettes et d'un lavabo, au pain et à l'eau. Le prononcé de cette sanction par le directeur de l'établissement ne le toucha pas : il avait obtenu ce qu'il voulait, la manifestation n'avait pas dépassé les portes de l'école. C'était l'essentiel, non ? Tout de même, au bout de deux jours et deux nuits au mitard, il était las du goût du pain et de l'eau. Il ne supportait pas, lui qui travaillait des dizaines de saveurs tous les jours depuis des années, cette monotonie gustative. Les professeurs avaient vu juste : cet ascétisme fut la pire des punitions qu'il était possible de lui infliger. Au bout de ces deux longues journées, qui furent les plus pénibles de sa courte existence, Balthazar s'échappa du mitard : allongé sur le dos, les mains croisées derrière la tête, il passa la journée suivante à fermer les yeux et à rêver d'un poulet rôti à la broche, bien chaud et doré à point, croustillant sur le dessus et fondant dans la bouche. Guidé par ses délicates antennes, il virevoltait de ses ailes enivrées de gourmandise et vagabondait sur le dos rebondi du poulet, avant de plonger avec délice dans la blancheur laiteuse du creux de ses ailes. Les yeux fermés, il souriait désormais. Cependant, le fumet du poulet, trop suggestif, l'éveilla. La fiction avait pris fin. Il était affamé. Plus que de la faim, il éprouvait un besoin impérieux de saveurs véritables dans la bouche. Il regarda autour de lui et, après un long moment d'observation du mitard, se résigna : il suça longuement son index, et frotta celui-ci contre le mur défraîchi de la pièce. Il porta son doigt à la bouche et entreprit d'analyser cette nouvelle saveur, composée de poussière, de toiles d'araignées et de calcaire. Il trouva cette expérience gustative un tantinet dégoûtante, se rinça la bouche avec le fond de son verre et attendit, résigné, durant trois jours, la fin de son calvaire.

Le soir de sa sortie, ses amis l'attendaient devant la porte de l'établissement. À la vue de leur camarade affamé, les trois garçons entourèrent Balthazar et s'enquirent de son état. Balthazar se plaignit d'avoir faim.

« On t'a préparé un festin, répondirent ses amis.

— C'est quoi ? réussit à articuler Balthazar.

— Une œuvre collective : on a saigné le cochon ! » répondirent en chœur ses amis.

Les quatre amis se faufilèrent dans les cuisines. Ils burent encore plus que de coutume avant de se mettre à table. Balthazar, à jeun depuis des jours, était proche du coma éthylique quand il commença à manger. Il eut à peine le temps de se faire la remarque que, dans cet état-là, il ne sentait pas vraiment le goût des choses : du cochon, de la sauce épaisse, des pommes rissolées ; à peine rassasié, il sombra dans un sommeil profond dont ses amis le tirèrent à grand-peine au milieu de la nuit.

*

Ainsi passèrent ces deux années d'école pour Balthazar : années de farniente, de confrontation d'idées, années truffées de grands rêves pour l'avenir et d'amitiés fortes. Cependant, au cours du dernier trimestre de la scolarité, l'école assista, médusée, à une violente altercation entre Balthazar et son meilleur ami, Marc Lepan. Balthazar pensait que le cuisinier pouvait s'exprimer dans une assiette, y faire passer une idée, une opinion, un sentiment. « La cuisine n'a jamais été considérée véritablement comme un art, alors qu'elle nécessite la maîtrise d'une technique très difficile. Pourquoi, à ton avis ? Pour deux raisons, Marc. D'abord, par son caractère contingent et éphémère : un plat ne dure pas, le matériau est destiné à être mangé. Mais, tu en conviendras avec moi, la danse est considérée comme un art, alors qu'elle est également très éphémère. Ensuite et surtout, la cuisine tente trop rarement d'introduire de la pensée dans l'assiette. Pourtant, on peut faire passer des sensations dans un plat, comme le compositeur dans une partition : susciter chez l'auditeur la joie, la gravité, la réflexion sur tel ou tel thème.

— De quelle manière ? s'enquit Lepan.

— Voyons, Marc, par le jeu des couleurs, des consistances, des différences de température entre les plats, par l'appellation du plat, aussi, par tous les moyens, quoi ! Il faut que les chefs s'expriment dans la confection de leurs plats. C'est une condition nécessaire pour que la gastronomie devienne, un jour, un véritable art. »

Cette introduction de la pensée dans l'assiette choquait Marc Lepan. Pour lui, le rôle du chef devait se limiter à confectionner le meilleur plat possible. Le repas était un moment de détente, de plaisir, pendant lequel les convives n'avaient pas envie de goûter les idées de leur cuisinier. L'assiette devait être neutre. Voilà tout. C'était une limite inhérente à la cuisine, que le cuisinier ne pouvait outrepasser. Lepan et Balthazar, qui avaient tous les deux très mauvais caractère, poursuivirent cette conversation en haussant progressivement le ton.

Ils en vinrent à hurler à tue-tête à la sortie d'un cours quand Lepan tout à coup s'écria : « Balthazar, tu racontes n'importe quoi ! Donne-moi un seul exemple, un seul entends-tu, de plat pouvant faire rire, pleurer ou penser ! Allez, allons aux cuisines, fais-le-moi ce plat qui suscite les émotions et stimule la pensée ! Maintenant ! » ordonna-t-il. Il lui agrippait la main et tentait de l'entraîner vers les cuisines.

Balthazar ne broncha pas. Il résistait et restait planté, immobile. Il avait l'air malheureux. Pour la première fois, il n'avait pas réussi à faire plier une volonté, ni par la persuasion, ni par la force de sa voix tonitruante. Il sentait bien en son for intérieur qu'il lui était impossible, en l'état de ses connaissances, de créer par sa cuisine un sentiment collectif. Une larme de dépit et de tristesse véritable à l'idée de se déchirer avec son ami perla au creux de son œil et roula sur sa joue rebondie. Les deux toqués brisèrent leur amitié sur l'autel de cette question qui n'intéressait qu'eux.

De ce jour, Balthazar voua à Lepan une rancune démesurée. Était-ce parce que, à cause de lui, il avait pleuré ? Était-ce parce que Lepan avait montré à Balthazar que dans la vie, des choses et des gens pouvaient lui opposer une résistance ? Helga ne comprit jamais bien comment Balthazar avait pu ainsi fracasser l'un des rares joyaux affectifs que lui avait offerts la vie à ce jour.

*

Balthazar sortit de l'École de gastronomie française lauréat : malgré le décès de l'oncle Robert quelques jours avant la date des examens de sortie de l'école, il avait raflé tous les prix d'excellence. En deux ans, il avait, bien malgré lui, provoqué la démission de quatre éminents professeurs, grands chefs parmi les chefs, qui avaient découvert entre Balthazar et eux une incommensurable différence de talent. Il avait découragé les vocations les plus enthousiastes de plusieurs de ses camarades. Les propositions d'embauche dans les restaurants les plus réputés des grandes mégalopoles, Sydney, New York et Tokyo pleuvaient. Balthazar avait décidé de travailler immédiatement à son compte, sans transiter par les couloirs des grandes cuisines de ces augustes maisons. Il laissait cela aux millions de résignés, aux futurs « petits-bourgeois tranquilles des cuisines », les PBT comme il les appelait, sans dimension, ces millions de gens qui passent dans la vie magnifique sans la marquer, ni par une phrase, ni par une action, ni par une idée. Balthazar fut le seul élève de sa promotion à choisir l'autonomie.

Cependant, pour monter son propre restaurant, l'argent

manquait. Le produit de la vente d'*Au Toqué d'à côté* par Helga, conclue quelques semaines après l'enterrement de son oncle, ne suffisait pas. Car les ambitions de Balthazar étaient fabuleuses et, vu son jeune âge, peu crédibles pour les gens de finance.

Il s'avisa alors de tenter, jusqu'à ce qu'il eût une somme d'argent suffisante, tous les concours de gastronomie du monde dont les prix se composaient de sommes d'argent. Ce qu'il fit. Systématiquement. Il voyagea dans toutes les capitales du monde, au gré du calendrier des différentes compétitions, et remporta la totalité des prix des cinquante-trois concours auxquels il se présenta. La presse locale puis internationale, alertée par certains professionnels, se passionna pour ces performances. On n'avait jamais vu ça. Comment était-il possible d'exceller à ce point en cuisine chinoise traditionnelle, deux jours plus tard en nouvelle cuisine et en cuisine bretonne, le lendemain encore en cuisine indienne ?

Les organisateurs de ces événements étaient généralement flattés de cette publicité inattendue. Pourtant, un jour que Balthazar se présentait à un concours international de créativité à Montréal, il fut intercepté par le maire de la ville qui lui expliqua qu'il ne pouvait pas y prendre part, l'ensemble des autres candidats ayant menacé de s'en aller si Balthazar concourait avec eux. Balthazar lui répliqua, sous l'œil des caméras, qu'il participerait à ce concours car il avait absolument besoin d'argent pour monter son restaurant, et qu'il participerait à tous les concours du monde entier jusqu'à ce qu'il se fût constitué son pécule. L'événement, retransmis par les plus grandes chaînes de télévision françaises, canadiennes et américaines, fit grand bruit.

Après de longues heures d'hésitation, le maire de Montréal et les organisateurs du concours, soutenus et rejoints par la plupart de leurs confrères, se cotisèrent pour offrir à Balthazar une forte somme d'argent et se débarrasser de l'intrus. Le montant était colossal. Balthazar prit sans façon le pécule, promit de ne plus participer à aucun concours en dehors de Paris pendant une durée de dix ans et repartit dans la capitale française pour créer, enfin, son restaurant avec Helga. Grâce à cet événement, le jeune homme avait, en un an, gagné du même coup une jolie fortune et la réputation d'un grand chef, alors qu'il n'était pas encore marmiton.

Le choix du restaurant fut simple : Balthazar et Helga avaient longtemps rêvé d'une galerie d'art contemporain, au-dessus d'un club privé, dans un immeuble des années trente situé sur les quais de la rive droite, près du pont Alexandre-III. Celle-ci venait de se libérer à la suite d'une faillite. L'endroit était spacieux, environ huit cents mètres carrés répartis sur deux étages. Du plancher s'élançaient avec force et légèreté d'immenses poutres métalliques grises, construites par le grand Eiffel. Une baie vitrée d'une cinquantaine de mètres de long surplombait la Seine et offrait une vue panoramique sur le fleuve et ses bateaux-mouches, la tour Eiffel et les Invalides. L'affaire fut conclue sur-le-champ. Ils baptisèrent le restaurant *Arthus*.

CHAPITRE III

Dix années passèrent au cours desquelles *Arthus*, Balthazar et Helga connurent une progression géométrique dans l'échelle sociale. Dix années harassantes, pendant lesquelles le jeune couple construisit à la fois sa réputation dans le domaine des arts de la bouche, tissa un réseau de relations digne des plus grands de l'époque, et, accessoirement, mit au monde une petite fille, Diane.

Mais c'est *Arthus* qui fut l'objet de tous les rêves et de toutes les attentions. Il avait réussi à s'ériger comme le restaurant le plus couru de la capitale. Surtout, *Arthus* cristallisait de manière aboutie le « misme », une tendance qui touchait la société en profondeur, et qui consistait en une tentative de rechercher dans chaque chose son essence, de la débarrasser de ses atours et de l'effeuiller pour se pencher sur ce qui la définit.

Au cours de ces années, le misme s'était durci. Cette démarche, au demeurant louable, visant à l'épuration des formes, des couleurs et des matières, fut systématisée à outrance. On aboutit à une fonctionnalité déconcertante : les fauteuils ne servirent plus qu'à s'asseoir, les lits à dormir, les vêtements à se vêtir et la cuisine à se nourrir. On avait atteint un degré suprême de sophistication qui finissait par abolir toute idée même de sophistication, de sorte que celle-ci était bannie de cette époque. On n'osait plus faire part de la culture et, partant, se cultiver. Car se cultiver, c'est se sophistiquer et s'éloigner de son soi le plus pur. Dès qu'une chose ou une personne paraissait dense ou complexe, on la disait avec une petite moue « chargée » ou « lourde » de quelque chose, « chargée d'histoire », « lourde de sens ». La mode étant à la « réflexion », au culte de l'« introspection » et du « retour sur soi », les manifestations du misme dans l'art furent très nombrilistes. Il n'y a qu'à se rappeler que le tableau le plus représentatif de ce mouvement dans la peinture fut le fameux *Moi*, peint par l'Américain Myfield et représentant le nombril de l'artiste reflété dans un miroir. D'ailleurs, jamais on ne compta autant de suicides qu'au cours de ces années, les gens se rendant finalement compte qu'à force de se regarder ils ne trouvaient rien ou pas grand-chose.

Jamais époque ne fut aussi violente, l'art miste et ses diverses manifestations n'opérant aucune catharsis sur les populations. Les grandes villes, Los Angeles, New York, Moscou, Londres, Paris et Francfort connurent les épisodes les plus sanglants de leur histoire. Les incendies de voitures succédaient aux vols à main armée et aux viols dans les cités. Des drogues dures, chimiques et bon marché déferlèrent sur les villes. Des millions de cerveaux vides, sans image, sans couleur et sans son, cherchaient des palliatifs au vertige que leur causait leur propre néant. Presque tous les gouvernements rétablirent la peine de mort au cours de ces années. La justice, qui s'était bâtie pendant des siècles de manière progressiste et sage, devint expéditive.

Le culte du dépouillement et de la recherche de l'essence et de la pureté avait investi tout le quotidien : la couture, la décoration intérieure, l'architecture, la peinture ; rarement l'expression des artistes fut aussi homogène dans ces domaines. Au point que l'on parla plus tard de cette absence de tendance et de prise de parti comme d'un gigantesque mouvement de fond, plus important encore que le surréalisme, bien que ses contemporains n'aient pu en saisir la portée. Et pour cause : aucun ouvrage ne fut publié sur ce mouvement, aucun article ni manifeste ne fut jamais rédigé par ses protagonistes et aucune exposition ne fut organisée sur ce thème. Les intellectuels de ce temps, les philosophes, les journalistes, les critiques d'art et les artistes de toutes nationalités s'étaient simplement et comme tacitement mis d'accord sur ce qu'il fallait faire et ne pas faire. Ils taxaient telle ou telle œuvre de « miste » ou de « non miste », sans pour autant définir ce terme. Car pouvait-on parler de concept ? Rien n'est moins sûr : celui-ci était pour le moins évanescent. Aucune idée forte, politique ou sociale, et aucun idéal ne sous-tendait ce mouvement qui était comme sorti de rien et de nulle part. Tout au plus pouvait-on découvrir dans telle ou telle œuvre, çà et là, une lointaine filiation avec le japonisme. Dans la peinture, par exemple, on détruisit toutes les perspectives pour se concentrer sur les aplats et, peu à peu, toutes les représentations de sols disparurent sous les pieds des personnages peints.

Au théâtre, on salua le retour du culte de la distanciation : les décors n'existaient plus, les costumes non plus, les comédiens jouaient dans leurs vêtements de tous les jours, pour ne pas distraire l'esprit des spectateurs, et afin que ceux-ci se concentrassent sur l'intrigue. Lors d'une représentation de *Hamlet* à la Comédie-Française, Hamlet, après que sa reine mère fut tombée, empoisonnée, à ses pieds, alla, fou de rage, remplir un plein seau de grenadine au robinet qui se trouvait, sur les planches, derrière lui, et le déversa sur la tête du roi scélérat. Toutes les représentations théâtrales de carnages et d'assassinats de cette époque s'inspirèrent de cette mise en scène.

En architecture, les artistes utilisaient le verre à outrance. La tentation était grande de supprimer la frontière entre dedans et dehors. Le mot d'ordre étant à la transparence, des villes nouvelles entières furent construites dans ce matériau. Ces expériences architecturales furent des échecs : dans les villes construites sous un climat tempéré ou froid, les gens devenaient dépressifs, n'ayant plus aucune possibilité de se protéger contre la grisaille du ciel et des villes à laquelle leur intérieur ne pouvait plus échapper, le dedans devenant aussi gris que le dehors. Dans les villes de verre construites sous un climat ensoleillé, les gens ne pouvaient échapper à l'agression de la luminosité. Constamment exposés, sans possibilité de fuir la dictature du soleil et les couleurs du ciel, ils ne pouvaient plus trouver refuge chez eux pour vivre leurs propres humeurs. Cette soumission involontaire à la dictature du temps se révélait être un défi pour l'organisme.

Le misme fut également poussé au paroxysme dans la haute couture puis le prêt-à-porter. Les vêtements perdirent progressivement leurs couleurs, et l'on ne trouva bientôt sur les podiums des défilés et dans les magasins que du noir et du blanc, parfois du gris. Les vêtements étaient unis, sans motifs, et ne suggéraient rien ; ils ne devaient rien raconter ni appeler à la rêverie. Ils devaient être le plus neutres possible, tout au plus un filtre pour le regard que l'on portait sur le corps. Les nouvelles matières privilégièrent la translucidité, jusqu'à devenir complètement transparentes. Le maquillage lui aussi s'épura à l'extrême. La mode était à ce que l'on appela le nu sophistiqué, une sorte de maquillage irisé très pâle, le but étant de ne pas paraître du tout maquillée.

Les femmes qui suivirent cette mode au plus près paraissaient sortir de leur lit, et on les baptisa les « sauvageonnes ». Le soir, ces femmes dramatisaient, accentuaient un détail, jusqu'à l'excès. Pour trouver une illustration représentative de ce mouvement dans la mode, il n'y a qu'à se rappeler le Festival international de la couture à Tokyo : les mannequins, maladivement maigres, avaient défilé nues et non maquillées sous une salve d'applaudissements, leurs corps ayant été sauvagement teints en marron foncé à la place de leurs seins et de leur sexe.

Balthazar était très à l'aise dans cette époque qui lui convenait si bien. Il était ignorant de ses racines et n'avait reçu qu'une éducation scolaire très sommaire. Partant, son esprit n'était pas « encombré » de connaissances ni canalisé par des repères. Il était aussi libre qu'il est possible de l'être, dépourvu de ces inhibitions qui limitent la pensée ou l'action.

Naturellement attiré par le misme, il s'était fait le chantre de cette tendance. La décoration que lui et sa femme avaient choisie pour *Arthus* était on ne peut plus dépouillée. L'ascenseur qui menait directement dans le restaurant était en acajou, incrusté d'éclats de noyau de cocotier et d'écorce de tortue. Dans l'entrée, on était accueilli par de superbes hôtesses, au visage diaphane et aux yeux très clairs, volontairement inexpressifs. Grandes et maigres, elles portaient une robe, en raphia grossièrement tressé ou en papier blanc suivant les jours, dont la longueur, *minimum minimorum*, dévoilait une paire de jambes à peine plus grosses que des baguettes. Elles vous accueillaient sans sourire — leur visage angélique et passif était si beau comme cela — et vous accompagnaient comme un courant d'air à votre table. On découvrait alors, sur les deux niveaux, un restaurant immense et très haut de plafond, dont le plancher était en béton brut. Les tables étaient rondes, très espacées les unes des autres, chacune drapée de trois nappes en organdi blanc qui venaient caresser le sol. Transparentes et aériennes, ces nappes formaient de grands nuages, blancs et vaporeux, dans un ciel gris. Sur chacune des tables trônait un immense candélabre en argent, dont les deux branches s'entrecroisaient avant de se séparer à nouveau pour assurer leur fonction. La cire des bougies blanches avait coulé sur le corps des chandeliers et formé une montagne de cire qui ajoutait à l'étrangeté de l'endroit. Parfois, en été, on ouvrait la baie vitrée, et les nuages, bousculés par l'alizé, le zéphyr ou l'hurricane, chahutaient dans le ciel gris, faisant vaciller les flammes éphémères. Les murs, blancs, portaient d'immenses tableaux abstraits d'artistes mistes de première facture. Sur l'un d'entre eux, l'artiste avait peint, sur fond blanc, un nuage de points, également blancs. Sur un autre, on pouvait voir, sur un fond composé de différents gris, un graffiti noir qui proclamait « Fais-le avec style ou ne le fais pas ! ». Balthazar avait choisi ces tableaux parce qu'il aimait l'art contemporain, et parce que ce type d'œuvres d'art ne suggèrent rien de particulier à ceux qui les regardent, les incitant tout au plus à la réflexion sur leur essence et sur celle des choses qui les entourent. En effet, en observant ces tableaux, des questions simples s'imposaient : que veut dire ce tableau ? Pourquoi l'artiste l'a-t-il peint ? Que voulait-il donc dire ? Questions très mistes, en somme. Surtout, Balthazar ne voulait pas que ses tableaux suggèrent, émeuvent ou racontent des histoires qui auraient pu distraire les gens de ce pour quoi ils étaient venus chez *Arthus* : déguster sa cuisine.

C'est dans sa cuisine que Balthazar poussa le misme à l'extrême. Il concentra ses efforts, plus encore que ses camarades de promotion devenus d'éminents concurrents, Lepan et Perduré, sur l'essence du plat : la matière première. Nul autre ne réussissait mieux que lui à mettre en valeur tel oiseau, tel poisson ou tel fruit. Passionné par la recherche du goût le plus subtil possible, il jouait avec virtuosité sur le clavier des saveurs. Tel un musicien qui aurait une ouïe hyper développée et chercherait à découvrir une multitude de nuances de tons entre un ré et son dièse, Balthazar créa des goûts diésés et bémolisés à l'extrême. Son palais était si fin que sa palette, à partir de la saveur d'un ingrédient, pouvait décliner celui-ci à l'infini, comme un prisme décompose la lumière. Bientôt, ses fonds de sauce ne servirent plus à lier les saveurs entre elles, à créer cette combinaison complexe qui assure la cohérence d'un plat. Ils se limitèrent à rehausser ou au contraire à atténuer, sans le changer, le goût des matières premières. Réussir cela était un exploit. Balthazar rompit ainsi avec des siècles de tradition culinaire.

Pour toutes ces raisons, *Arthus* devint, à peine deux ou trois ans après sa création, le restaurant culte du misme, et Balthazar, sa star. Le jeune chef gagna, dès la première année, sa première étoile dans le très célèbre *Guide de la gastronomie française*. La deuxième étoile, acquise au cours de sa troisième année d'activité, ne fut qu'une formalité, et Balthazar se concentra pendant les cinq années suivantes à entrer dans le sacro-saint cercle des sept chefs auréolés de trois étoiles. La troisième étoile lui fut accordée alors qu'il avait vingt-huit ans. Balthazar fut consacré meilleur chef de sa génération par les critiques gastronomiques et par ses pairs, pratiquement seuls capables de juger de l'excellence de sa cuisine dans la gigantesque agueusie collective qui caractérisait cette époque. Pendant ces années, *Arthus* ne désemplit pas. S'y pressèrent tout ce que cette époque comptait d'artistes, de sauvageonnes, de chefs d'État, d'intellectuels, de journalistes et d'hommes d'affaires. Les gens les plus mis-tes et les plus riches du monde y allaient autant pour y dîner que pour y être vus.

Le jour où Balthazar pensa avoir atteint un niveau jamais égalé dans la nuance des saveurs, il immobilisa sa carte. Il savait qu'il ne pourrait jamais trouver combinaisons plus fragiles et plus fines que celles qu'il y proposait. Par son talent et son travail, il avait atteint la perfection. Il avait vingt-huit ans.

Sa carte était parfaitement équilibrée entre les viandes et les poissons, les couleurs, les féculents et les légumes, les fruits, les laitages et le chocolat. Il était impossible de faire mieux. Parmi les entrées figurait notamment la crevette en robe de bure. Les gens se seraient damnés pour y goûter : une unique crevette rose tiédie était coupée en deux, dans le sens de la longueur. Les deux parties étaient disposées au centre de l'assiette creuse et nappées d'un bouillon de plancton chaud. À peine tiédie au four, une mousse de truffe surplombait le tout sur le bord de l'assiette. La salinité du bouillon de plancton rehaussait la délicatesse de la crevette, dont la fermeté de la chair allait s'adoucir, béate, dans la mollesse de la purée de truffe. Légère et fine, celle-ci dégageait un arôme puissamment terreux, résultat d'une complexe évolution souterraine, qui équilibrait avec justesse, dans un brillant accord, les délicates saveurs marines. Le vin blanc sec, provenant d'un cépage situé sur les côtes de la Manche, claquait dans la bouche comme une vague raide et glacée sur un abrupt rocher breton et permettait de finir la bouchée sur une note métallique et dure qui entraînait une incompressible envie de renouveler l'expérience gustative. Balthazar avait, pour ce plat mémorable, réussi à doubler l'harmonie des saveurs d'une harmonie de couleurs, le rose tendre de la crevette étant contrebalancé, de la manière la plus heureuse, par la couleur de bure de la mousse de truffe.

Le jeune chef fut reconnu dans le monde entier comme le virtuose de la gastronomie. Les Chacun devinrent riches en moins d'une décennie. C'est dans ce contexte que Balthazar reçut la première lettre.

DEUXIÈME PARTIE

CHAPITRE I

C'était un mardi matin. Un 6 janvier. Balthazar était assis dans son bureau, derrière les cuisines. Helga lui apporta comme chaque matin le courrier du jour. Une pile de publicités, de factures diverses, quelques invitations à des soldes privés, et de nombreuses cartes de vœux d'amis et de relations professionnelles. Une enveloppe grise attira son attention. Il la prit avec un petit pincement au cœur. Cette enveloppe pouvait annoncer un deuil. Il l'ouvrit. Le texte avait été écrit sur une vieille machine à écrire. Anonyme. La lettre disait ceci :

> Ton restaurant est triste. Tes mets sont si fins qu'ils s'affadissent dans la bouche la plus sûre. Le décor de ton restaurant est si épuré qu'on ne peut y puiser l'excitation des sens préalable à une dégustation magnifique. Ta cuisine se fige. Haro sur le goût, haro sur la couleur, sur la poiscaille, la cochonnaille, les banquets magnifiques et énormes ! Vis, fais exploser tes sens et ceux de tes convives, étonne, détonne, fais éclater la symphonie des couleurs, des goûts, des odeurs ! Que l'acidité claque dans ton palais comme une cymbale, que l'amertume te fasse grimacer d'horreur, que tes desserts lactés te fassent régresser jusqu'aux confins de ton enfance pré-œdipienne et te rappellent le lait de ta mère, que tous tes mets craquent, picotent, asticotent et taquinent

> les sens. Pends-toi à mes mamelles, sers-t'en pour te sevrer du conformisme de ce millénaire qui te hante et têtes-y la nourriture de ton inspiration.

Balthazar prit l'enveloppe grise et la retourna. Rien. Totalement anonyme. Elle n'était pas timbrée, et ne donnait aucune information sur son auteur ni sur son lieu d'émission. Il la chiffonna et la jeta dans sa corbeille à papiers. Il prit à nouveau la lettre et la relut. Qui pouvait avoir l'audace et même un intérêt à écrire une chose pareille ? Un client déçu ? Un critique culinaire ? Pourquoi le tutoiement ? Une connaissance ? Un employé ? Un fou ? Un ami intime ? Mais pourquoi ce ton de commandement ? Ce ton à la fois maternel et paternaliste ? Lepan ? Un imbécile, en tout cas. Lâche, de surcroît. Incapable de signer ses conneries concassées. Balthazar, quoique encore un peu agacé, sourit, et envoya au diable l'inconnu et ses critiques, enferma quand même la lettre dans le tiroir de son secrétaire personnel, se leva et sortit surveiller les cuisines.

« Helga, tu as vu quelqu'un ce matin déposer une enveloppe dans la boîte aux lettres d'*Arthus* ?

— Non, chéri. Pourquoi ?

— Pour rien. »

Le couple se remit au travail.

*

« Comment va le jeune chef ? »

Balthazar se retourna.

« Berthelin, mon ami ! Quelle surprise ! Tu viens goûter ma cuisine, comme ça ?

— Eh oui, que veux-tu, tout le monde en parle, de ta cuisine.

Déjà, à l'école, tu avais le palais le plus développé, et quelle créativité ! Tu nous dépassais tous ! C'est à cause ou grâce à toi que je suis devenu œnologue au lieu de chef !

— En tout cas, ça t'a réussi, on parle de toi dans les journaux comme d'un des meilleurs œnologues au monde et tu as à peine trente-cinq ans !

— Trêve de flagornerie. Tu m'offres un verre d'eau ? »

Balthazar s'exécuta avec plaisir. Ils s'installèrent confortablement dans les grands fauteuils gris.

« Comment marchent les affaires ? s'enquit Balthazar.

— Sans plus. La consommation de vin baisse de jour en jour.

— Et tu expliques ça comment ?

— Pêle-mêle, l'attention que prêtent les gens à leur corps, le manque d'éducation des gens en matière de vin et l'atrophie de leur palais qui fait qu'ils savent à peine distinguer la piquette d'un grand cru.

— Et alors ?

— Alors, je m'intéresse à l'eau. L'eau, c'est l'avenir. Tes sauvageonnes vont en devenir folles.

— Qu'est-ce que tu racontes ? Y a rien de pire que l'eau pour tuer un plat !

— Tu as goûté toutes les eaux ? Non ? Eh bien, commence par ça avant de critiquer. Y a plein d'eaux différentes. Reste là. S'il vous plaît ! » Il héla familièrement un serveur.

« Oui, monsieur ?

— Apportez-nous deux verres à eau vides, une carafe remplie d'eau du robinet et une bouteille d'eau minérale plate, je vous prie ! » Le serveur s'exécuta.

Berthelin remplit la moitié du premier verre avec de l'eau du robinet, et la deuxième avec de l'eau minérale.

« Goûte ! » Balthazar s'exécuta. « Tu sens quelque chose ?

— Franchement, rien.

— C'est normal. »

Il prit le second verre et le remplit cette fois-ci d'un tiers de l'eau du robinet et de deux tiers d'eau minérale.

« Et là ? »

Balthazar but une gorgée du deuxième verre, ferma les yeux puis se renversa sur sa chaise. Il garda l'eau en bouche puis l'avala.

« Oui, là clairement, Berthelin, je sens quelque chose. Ça sent, ça sent... je sens... un goût très fin, à la fois de mousse... et de craie... Ça irait très bien avec... ça par exemple... mais oui ! Ça irait vraiment très bien avec le coulis à la violette que Perduré m'a fait goûter le mois dernier, ou encore... oui, ça irait bien aussi avec mon sorbet à la rose. C'est très délicat. Et t'as goûté beaucoup d'eaux différentes ?

— J'en ai répertorié et goûté des milliers au cours des deux dernières années, provenant d'une centaine de pays. Chaque eau a une saveur différente. Tu ne la découvres pas toujours à la première gorgée. Souvent, il faut couper l'eau avec une autre eau que tu connais déjà pour découvrir son arôme. C'est un goût qui ne se trouve pas, c'est un goût qui se cherche, comme un trésor. Tous les palais ne sont pas capables de sentir la saveur d'une eau. Et puis, chaque eau que tu bois a été recueillie à la fin d'un long voyage, mystérieux et secret. C'est pour ça que son arôme est intéressant : il est complexe. Au plan esthétique, sa transparence est magnifique, surtout quand il y a des bulles qui gigotent dans ton verre avant d'éclater comme un feu d'artifice sur ta langue et les parois de ta bouche, comme des petites bombes : pschittt, pschittt !

— Toujours aussi gourmand, je vois !

— Écoute, l'eau, c'est l'avenir, crois-moi.

— Oui. Tu as raison. L'eau, ça peut être très fin. D'ailleurs, ça pourrait aller avec des plats très délicats, pour lesquels n'importe quel alcool, même le vin le plus léger, serait trop agressif... Tu as une cave à eaux ?

— Oui, viens, je t'emmène. »

*

Trois mois passèrent au cours desquels Balthazar goûta avec Côme, son sommelier, et Berthelin une multitude d'eaux qu'il essaya de combiner avec certains plats pour lesquels il n'avait pas encore trouvé le vin adéquat.

Le jeune chef finit par adjoindre à sa carte des vins une carte des eaux, gazeuses et plates, dont beaucoup provenaient de pays lointains et portaient des noms étranges et exotiques. Cette introduction de l'eau dans la haute gastronomie rencontra immédiatement un grand succès auprès des clients d'*Arthus*. Le restaurant ne désemplissait pas.

La démarche de Balthazar s'inscrivait dans un contexte où le misme avait fini par bouleverser le mode de consommation des pays riches. On ne comptait plus les magasins vides ou quasi vides, les bistrots à eaux et les marchands de bonbonnes d'air — le plus recherché étant l'air de New York, de Tokyo et de Singapour. Les gens apprenaient enfin à boire l'eau et à respirer l'air, activités essentielles auxquelles les hommes, depuis des millénaires, n'avaient jamais tellement prêté attention. Ils suivaient aussi des cures de silence : enfermés par groupes dans des caissons étanches, ils pouvaient « goûter le silence ». D'autres apprenaient à marcher dans leur domicile, afin de sentir les bonnes et les mauvaises vibrations de celui-ci et de décider en conséquence de la disposition de leurs meubles. Les professionnels de l'eau, de l'air, du silence et des vibrations se multipliaient pour guider les foules dans ce difficile apprentissage.

Oui, vraiment, Balthazar était heureux et à l'aise dans cette époque.

*

« Monsieur, on m'a remis cette lettre pour vous... monsieur ? »

Balthazar n'en finissait pas de regarder la salle comble. L'atmosphère était calme, tamisée. Il était tard. Quelques hommes fumaient le cigare. Des tables s'échappaient des volutes de fumée blanche qui descendaient rejoindre les nuages. Les femmes semblaient ce soir plus étranges que d'habitude. L'une d'elles, dans l'entrée, monopolisait tous les regards. Balthazar s'approcha un peu et observa son manège. Elle était très grande, la vingtaine finissante, d'une maigreur à peine croyable, ses cheveux blonds, assez courts, étaient plaqués en arrière et dégageaient son visage. Une peau presque transparente, des yeux qui semblaient gris comme ceux des loups, d'un gris si pâle que l'on avait l'impression, en croisant son regard, qu'on pouvait passer au travers. Incrusté dans sa tempe gauche brillait un énorme diamant, d'une grande pureté. Elle portait une robe asymétrique de voile gris irisé. Elle s'approcha et, perchée sur ses talons aiguilles, marqua une pause, balayant la salle du regard avant d'aller rejoindre des convives à la plus grande table du restaurant, la plus difficile à obtenir. Les immenses bougies réchauffèrent quelques secondes, pendant qu'elle s'asseyait, son visage figé et beau. Une fois qu'elle fut assise, seules les facettes de son solitaire se remirent à briller.

« ... Monsieur ?

— Ah oui... merci. »

Il porta son regard sur l'enveloppe. Grise. Balthazar rattrapa le voiturier par la manche. « Qui vous a remis cette lettre ? »

L'homme, étonné, se dégagea doucement de cette surprenante étreinte.

« Une femme, monsieur. La trentaine. Elle n'a pas laissé son nom. »

Balthazar attendit que le voiturier s'éloignât pour décacheter l'enveloppe.

> Ta carte est fade. Commandant du misme ambiant, tu vas perdre tes étoiles, car ta cuisine s'étiole. Cette année sonne le glas de ton ascension. Mets les voiles, viole enfin le consensus meurtrier et enivre-toi d'abord, si tu le peux, de ta propre défaite.

Balthazar remit promptement l'enveloppe et la lettre dans sa poche. Il était livide. Cette lettre était-elle une menace ? Ou une façon de le prévenir qu'il allait perdre une étoile ? Le *Guide de la gastronomie française* sortait le lendemain. Il s'approcha de la baie vitrée. Les bateaux-mouches caressaient de leurs jets de lumière bleue les ponts et les berges de la Seine. Il s'en succéda une bonne dizaine avant que Balthazar s'arrachât à sa rêverie. La Seine avait toujours réussi à le calmer. Apaisé, il regarda autour de lui. Tout allait bien. Sa cuisine était excellente, sa carte était parfaite et le restaurant était plein. Les médias ne tarissaient pas d'éloges sur lui. Il sourit. Trop de fatigue, sans doute. Il aurait dû prendre plus de vacances l'été dernier. Il rangea la lettre dans le secrétaire de son bureau, alla rejoindre Helga, serra quelques mains dans la salle du restaurant et rentra se coucher auprès de sa femme.

Le lendemain matin, le Tout-Paris put lire dans le *Guide de la gastronomie française* la critique suivante :

> À l'instant où l'on quitte le splendide ascenseur d'acajou serti d'éclats de noyau de cocotier, on se retrouve escorté jusqu'à sa table par une armée de belles hôtesses. Très beau, très gratifiant. Aucun doute, Balthazar Chacun mène de main de maître cette grande maison. L'œil contemple les magnifiques tableaux, choisis avec soin. Nul besoin de s'attarder sur la carte, d'ailleurs, elle n'a pas changé depuis plus de deux ans. Mais la magie continue d'opérer sur les convives, inlassablement. Sans doute le charme de l'habitude. Peut-être aussi parce que l'on n'y vient plus pour manger, mais pour assister, médusé, au ballet élégant et sans fin des serveuses chaloupant sur un air un tantinet méprisant. Pour la vue également, et pour y être vu aussi. Pas besoin d'avoir faim. Car l'assiette reste vide, ou quasiment, durant toute la soirée. Et l'excès de misme n'a d'égal que le montant astronomique de la facture qui vous est servie à la fin du repas. Avare, monsieur Balthazar ? Probablement pas. Excessif, sans doute. Une étoile en moins.

C'était Helga elle-même qui lui avait apporté le *Guide*, vers onze heures du matin, au lit. Pour la première fois depuis des années, en pleine semaine, elle avait décidé de le laisser dormir. Il semblait fatigué. Et puis, les nouvelles étant très mauvaises, il valait mieux raccourcir le plus possible cette journée. Balthazar relut plusieurs fois l'article. Il n'en revenait pas. Qui était le critique qui avait osé écrire un article aussi ravageur ? Il avait pourtant reconnu le couple de professionnels dès leur arrivée dans son restaurant. Il avait un don pour les renifler, les critiques qui utilisent de faux noms et qui paient en liquide. Qui goûtent à tout et qui observent subrepticement les moindres faits et gestes des serveurs et des sommeliers. Ceux-là étaient venus un soir, il y a deux mois. Balthazar avait immédiatement et discrètement prévenu son équipe, au cas où. Les mets qui leur avaient été servis étaient très bons, encore meilleurs que d'habitude. Après leur départ, Balthazar et son personnel avaient même fêté ça au champagne, convaincus qu'ils étaient de l'excellence du rapport qui allait s'ensuivre.

Ce jour-là, Balthazar subit pendant quelques heures les assauts téléphoniques de ses amis, dont les discours convenus criaient au pugilat et au complot. Ni Helga ni Diane ne réussirent à distraire Balthazar de cette humiliation. Pendant plusieurs jours, l'atmosphère chez *Arthus* fut silencieuse, personne ne voulant s'attirer les foudres du grand chef. Balthazar essayait de comprendre, il ne comprenait pas. Les critiques développées dans l'article lui paraissaient aussi graves qu'infondées. Les tabloïds, n'ayant aucun autre scandale à dénoncer, ne se lassèrent pas de s'apitoyer sur cet échec. Tout le vocabulaire tournant autour de l'étoile, du ciel, du firmament, de l'étoile filante, des comètes, de l'orage et de la chute des astéroïdes fut utilisé dans les titres racoleurs de ces journaux.

Durant plusieurs semaines, Balthazar fit un voyage apocalyptique intérieur. Jour et nuit, qu'il travaillât ou qu'il dormît, son esprit ressassait, des milliers de fois, en boucle, l'article du *Guide de la gastronomie française*, en accéléré, au ralenti, avec des arrêts sur les phrases et les mots clés qui le faisaient le plus souffrir et qui martelaient son cerveau de manière obsédante : « l'on n'y vient plus pour manger », « pas besoin d'avoir faim », « l'assiette reste vide »...

Plusieurs mois s'écoulèrent encore. Ni tout à fait le même, ni tout à fait un autre, il s'appliqua à survivre aux sentiments qui le hantaient. *Arthus* ne désemplissait pas. Helga, visiblement moins minée par cet échec, travaillait beaucoup pour récupérer « cette foutue étoile » et passait tout en revue, convaincue que de toute critique peut naître un progrès. Elle était épuisante à voir, à se débattre dans la grande salle à force de sourires et dans la cuisine à force d'instructions.

Puis Balthazar délaissa pour la première fois sa carrière, *Arthus* et sa femme, pour aller courir, lui qui avait été si fidèle à Helga, la gueuse avec Perduré. Perduré avait monté son restaurant dans la montagne, dans les Pyrénées plus exactement. Tout le monde, y compris Balthazar, l'avait à l'époque traité de fou. Mais son restaurant attirait toutes sortes de gens. Perduré y avait fait construire une piste d'atterrissage pour les jets privés de sa clientèle. Il servait à ses convives, blasés de misme, des plats tout en fleurs, très colorés et très parfumés. Des fleurs qu'il cueillait alentour. Sa cuisine, novatrice, en marge du temps et des modes, plaisait. Il venait d'obtenir sa troisième étoile quand Balthazar la perdit. Balthazar passa quelques semaines à se détendre chez son ami. Il apprécia sa façon de vivre et de travailler, qui restait décontractée en toutes circonstances, loin de Paris et de ses vanités. Depuis cette province verte et accueillante, le misme du microcosme parisien semblait bien dérisoire, et gagnait en ridicule ce qu'il perdait en panache. Quand Balthazar revint chez *Arthus*, il fut déconcerté.

Debout, interdit, il fixait la salle morte, momifiée par le bon goût : les nappes, blanches, qui tombaient comme des linceuls ; les fauteuils gris, qui étaient une injure au fessier. Les torchères électriques, pendues, droites, raides et noires, sur les pans de mur, blancs, ajoutaient à la froideur de la pièce. Les tableaux, pourtant de belle facture, étouffaient de leurs traits épurés les regards les plus chauds. Le demi-queue laqué noir s'ouvrait béant sur un univers de rigueur. Noir, blanc, noir, blanc, noir. Les bouquets japonisants, composés de fleurs élancées, à la blancheur virginale, aux tiges infinies, sentaient le bourgeois branché fin-de-siècle. Le sol de béton était pauvre et triste.

Il attendit, affligé, le service de midi. Les gens arrivaient peu à peu. Le service, impeccable et froid, donnait le *la* au lieu. Les clients, raidis par l'endroit, pris en charge depuis l'entrée, étaient accompagnés jusqu'à leur table avec un excès d'anonymat et de rigueur. Parfait pour les pages glacées d'un magazine de décoration ou d'un livre de design miste. Les plats, légers et esthétisants, semblaient, à peine arrivés, se figer dans ce théâtre glacé. L'endroit donnait une impression de virginité scandaleuse. C'était trop, trop, trop, trop !

Il s'attacha à suivre des yeux la mastication sur le visage des premiers invités. Il y lut avec effroi que ceux-ci se livraient à cette activité de manière appliquée et quasiment scolaire. Sa cuisine ne suscitait aucun émoi. Leurs yeux, premier révélateur de leurs sensations gustatives, ne souriaient pas et n'exprimaient ni dégoût ni surprise, simplement un plaisir affecté mêlé d'une légère anxiété de ne pas avoir un palais suffisamment développé pour découvrir toute la finesse des plats dans ce temple du goût. Ces hommes et ces femmes feignaient à merveille les plaisirs de la bouche.

Il comprit.

CHAPITRE II

Balthazar et Helga étaient dans le salon de leur appartement.

« Enfin ! dit Helga, énervée. Ressaisis-toi Balthazar ! Pour toi, pour moi, pour nous. Tente ce concours. Donne-toi cette chance de gagner ! Il peut nous ouvrir de nombreuses portes. Tu disposes d'un mois pour te préparer. Tu sais que tu es le meilleur. Il faut le prouver aux autres, maintenant.

— Ce thème est inepte ! Qui diable a pu avoir une idée pareille ? "La belle et le clochard" ! À l'heure où la beauté des sauvageonnes se cache derrière des corps décharnés, à l'heure où l'on n'use plus du terme "clochard" mais de la périphrase "sans domicile fixe", de surcroît réduite aux initiales "SDF" ! Je ne vois pas comment on peut concevoir un plat actuel sur ce thème suranné. »

Helga ne comprenait pas totalement ce que son mari voulait dire.

« C'est vrai, dit-elle enfin, quel drôle de thème ! Je n'ai jamais vu dans les annales de ce concours un sujet aussi surprenant. Tente-le quand même ! Ce concours a toujours été une occasion pour les jeunes talents de se faire connaître et pour les plus doués de passer à la postérité.

— Je te dis d'accord, Helga. Maintenant, laisse-moi ! »

Le jour même, il se mit à la tâche.

« La belle et le clochard »... Il recensa d'abord les ingrédients considérés comme les plus délicats et les plus rares, puis les moins nobles, ceux qu'aucun d'entre ses pairs n'oserait travailler et présenter à sa clientèle. Il s'interrogea ensuite durant plusieurs jours sur la façon de traiter le thème : sucré-salé, doux-piquant, amer ou acide ? Les couleurs, en opposition ou en dégradé ? Entrée, plat ou dessert ? Croquant ou fondant ? Crémeux ou râpeux ? Trois semaines passèrent ainsi.

Un jour, alors qu'il songeait que la date du concours approchait et qu'il n'avait toujours pas d'idée, Helga déposa une lettre cachetée sur son bureau. Grise. Son cœur se serra. Il décacheta l'enveloppe. La missive était de l'inconnu. Il la déplia et lut :

> Je soumets à ta réflexion cette magnifique citation. Rumine-la, imprègne-t'en et jouis de ta victoire triomphale : « Que ta campagne électorale soit magnifique, brillante, éclatante, populaire ; qu'elle ait un décorum et une dignité exemplaires et que pèse sur tes concurrents — s'il est possible de trouver quelque chose — un soupçon d'infamie (crime, débauche ou corruption) en accord avec leur caractère. » (Cicéron, *Petit manuel de campagne électorale*.)

Il se précipita vers sa femme : « Helga, Helga, qui t'a apporté cette lettre ?

— Le facteur, quelle question ! »

Il est vrai que cette fois-ci, la lettre était timbrée. Balthazar s'enferma dans sa cuisine, s'assit sur un tabouret et la relut doucement. Une fois, deux fois, trois fois. Cette missive agissait comme un baume. Une personne qui croyait en lui. Une personne qui lui faisait confiance.

Balthazar passa les jours suivants à travailler, nuit et jour, mille saveurs. Il réfléchissait, lisait les livres et les encyclopédies sur la pauvreté et la beauté, et surtout sur la subjectivité du jugement esthétique. Lorsqu'il avait une idée ou une opinion, il essayait de la traduire par des saveurs, des couleurs, un dessin sur une assiette. C'était la première fois qu'il se livrait ainsi à un exercice de traduction. Traduire une idée dans une assiette... L'auteur de ce thème avait, cette année-là, osé proposer de faire de la cuisine un instrument de la pensée. Pensée-action, voilà le binôme de notre civilisation, les deux pieds sur lesquels elle s'est majestueusement développée. Quel être magnifique, celui qui avait eu cette ambition d'élever notre artisanat au statut d'art ! Il fallait le gagner ce concours, le gagner avec éclat. Relever ce défi fou.

*

Le jour du concours, les candidats, marmitons et grands chefs du monde entier, se présentèrent devant le jury. Celui-ci était constitué de cinq critiques culinaires reconnus. Balthazar se dit un instant que l'un deux était peut-être l'auteur de l'article assassin. Il faisait chaud. Le public s'était pressé sous la tente hissée pour la circonstance dans les jardins des Tuileries. Helga et Diane étaient tout excitées.

Sept candidats seulement s'étaient présentés pour concourir sur ce thème hardi. Sous la tente avaient été disposées sept longues tables, nappées de blanc, sur lesquelles étaient installés un four, une cuisinière, les matières premières commandées par chacun des candidats et divers moules, poêles et casseroles. Le président du jury fit une brève allocution avant d'inviter les candidats à se mettre à l'œuvre et leur donna rendez-vous quatre heures après pour les noter.

Les sept toques blanches, après avoir salué le public d'une flexion du buste, se mirent au travail. Bientôt, on n'entendit plus qu'un cliquetis de casseroles, des battements de fouets, des crépitements et des frémissements suivis par des bouillonnements, des bruits secs de couteaux sur les planches à découper. Le public assistait, médusé, à ce ballet désynchronisé de cuivres, de bois, de touillages et de remuements. Balthazar avait été placé au fond de la tente. En moins d'une heure, il avait terminé la confection de son plat.

Enfin, le jury appela le premier candidat à la tribune, un certain Le Hiron. Celui-ci proposa, de manière empesée, une... pomme de terre sertie d'un peu de... caviar. Belle idée, songea Balthazar. Sauf que les trois candidats suivants eurent la même. L'assemblée s'agitait. Il faisait chaud et humide, et le mimétisme des chefs confinait à la bêtise. Les membres du jury, très gênés, se concertèrent discrètement puis décrétèrent que trois des quatre candidats ayant de toute évidence triché ou ayant été manipulés, ils déclaraient hors concours l'ensemble des quatre candidats. Ils appelèrent à la tribune le cinquième, un grand chef chinois connu pour l'originalité de ses plats. Le vieil homme s'avança solennellement jusqu'à la tribune, et découvrit d'un geste de la main le drap blanc qui recouvrait le plat proposé. Sur une assiette dansaient, main dans la main, deux petites figurines de pâte d'amande colorée, l'une représentant une jeune femme et l'autre un clochard. De la simple pâte d'amande douce, sans plus. Devant le mutisme interrogatif des membres du jury, le chef expliqua, dans un français parfait, que contrairement à la cuisine chinoise, la cuisine occidentale servait avant tout à se nourrir et non à nourrir l'esprit, et que tous les thèmes du concours, depuis 1909, « Orange en fête », « Gibier gaulois », pour ne citer que les derniers, avaient invité à une représentation figurative et non à une démarche interprétative, qu'il avait même reçu un appel téléphonique il y a quelques jours contenant des consignes en ce sens et que la pâte d'amande qu'il leur présentait aujourd'hui était délicieuse. Le jury lui demanda qui lui avait donné de telles instructions. Il répondit que l'appel était anonyme. Las de toutes ces perturbations, le jury le remercia poliment afin qu'il prît congé.

Restaient en lice Lepan et Balthazar.

« Monsieur Lepan ! »

Lepan, récemment auréolé de sa troisième étoile, était considéré comme l'un des chefs les plus doués de sa génération. Homme charismatique et médiatique, il jouait de son image comme un chat d'une pelote de laine. Il attirait à lui tous les journalistes.

Lepan s'avança. Il était pâle comme la mort. Quelle idée avait-il eue de participer à ce concours alors que sa fortune était faite, cela ne pouvait que nuire à son image qui était au summum de sa gloire. Il s'était inscrit à ce concours par vanité, pour s'offrir et offrir aux médias une joute au sommet avec Balthazar. Mais, sitôt inscrit, il avait regretté sa décision. L'inspiration ne lui venait pas. Il avait bien réussi à confectionner un plat sur le thème proposé. Mais l'idée du plat ne venait pas de lui. Il en était un peu gêné.

Reprenant ses esprits, Lepan parcourut d'un regard circulaire l'assemblée qui était venue pour le voir. Il la salua, et reçut une ovation que Balthazar jugea interminable. Il s'avança vers la tribune.

« Mesdames et messieurs les jurés, le plat que je vous ai préparé est bien sûr inédit. Il s'agit, il s'agit... d'un poumon chaud de biche sur une purée de reinettes ! »

Les yeux des membres du jury en dirent long sur l'excitation de leurs papilles. Le plat était beau et dégageait un fumet délicieux. Les membres du jury goûtèrent un à un une bouchée de ce mets merveilleux. Le poumon avait été délicatement poêlé dans du vinaigre de cidre. Il était légèrement croquant sur le dessus et s'abandonnait dans la bouche avec une infinie douceur, puis tombait d'accord, comme par enchantement, avec les pommes fondantes dont la légère acidité réveillait les sens endormis. Lepan lut dans leurs yeux qu'il était victorieux. Certains se renversèrent sur leur chaise pour profiter de cet instant savoureux. Reprenant confiance, il crut devoir s'expliquer.

« J'ai travaillé autour du conte de fées. La pomme représente la tentation offerte à la jeune beauté (Blanche-Neige, par exemple) de la perdre ou de la rendre pauvre et ridée. Quant au poumon, c'est l'organe représentant la musique, qui est utilisée dans les contes et l'imagerie populaire par les pauvres pour séduire la beauté. Il n'est que de se rappeler les sérénades de... »

Balthazar n'écoutait plus son concurrent. Il regardait les yeux des jurés, qui souriaient de contentement, leur tête qui hochait de haut en bas... Il avait perdu avant même de se battre, et de surcroît contre Lepan. À moins que... Balthazar toussota et s'avança vers la tribune.

« Mesdames et messieurs les jurés, permettez-moi de...

— Oui, monsieur Chacun ?

— Eh bien... vous venez de déguster un poumon de biche, préparé par mon collègue Lepan. Or, nous sommes en août, et la saison de la chasse au gibier n'est pas encore ouverte. Elle ne commence que dans un mois. Alors...

— Oui ? »

Il s'approcha encore plus près de la tribune et poursuivit : « Je me dis que ce morceau de biche a été soit congelé, soit braconné, soit importé d'un pays étranger, trois procédés qui sont totalement interdits par votre règlement ! »

Lepan scruta Balthazar, de son franc regard bleu, son regard de Breton, brut mais honnête. Les jurés, gênés, l'interrogèrent sur la provenance du poumon de biche. Il se leva et reconnut qu'il avait fait tuer la bête par des braconniers de Sologne. S'ensuivit un tollé général sous la tente. Le jury le disqualifia. Lepan se rassit, ahuri et sous le choc. Balthazar sourit. D'un sourire qu'on ne lui connaissait pas jusqu'alors. Un sourire éclatant de victoire, assorti d'un regard ivre, en direction de Lepan. Il venait de terrasser l'échec. Vint son tour.

« Monsieur Chacun ! »

Balthazar souriait encore. L'époque réclame du sens, donnons-lui-en ! Il s'avança et déposa sur la tribune un plat, ou plutôt non, une saynète, comme une apothéose. Une création sybaritique pour une ultime bacchanale de cette fin d'été : une petite montagne de roses dont les pétales étaient sertis de sucre citronné gelé délicatement et entourés d'un breuvage nourrissant à base de vin rouge chaud. Un équilibre merveilleux, le léger ne tenant que grâce au lourd, le rose que par le rouge, l'un n'ayant de sens que par l'autre. La complémentarité esthétique et gustative était totale, sublimée dans une assiette blanche creuse sans prétention. Un vrai miracle.

Balthazar fut élu lauréat du concours. Doublement victorieux, il s'était enfin réconcilié avec lui-même.

*

À la nuit tombée, bien que rien ne le disposât à cela, il décida, pour la première fois depuis sa fuite, de retourner à l'orphelinat. Pour voir. Il sortit d'*Arthus* et héla un taxi. En dix minutes, ils arrivèrent en haut de la rue. Balthazar régla le prix de la course et sortit. Il était seul désormais. La rue était déserte. Son cœur frappait furieusement contre sa poitrine, ce qui le faisait haleter légèrement. Il marcha quelques mètres et l'aperçut. Il lui semblait minuscule par rapport au souvenir qu'il en avait et, aussi, très calme. Ce bâtiment l'impressionnait tant quand il était enfant ! Il dégageait une grande sérénité, et l'ensemble était, objectivement, mignon. Il eut de la peine à croire que cette toute petite maison, si silencieuse, ait renfermé tant de rage ! C'est donc entre ces murs blancs qu'il avait pleuré, les poings fermés, en silence, contre la médiocrité de son environnement et l'injustice du monde ! Encore sous le choc des proportions, il s'approcha de la grille d'entrée. En se hissant sur la pointe des pieds, il réussit à apercevoir, dans la maison du gardien, un bout de bonne femme qui était assoupie. Il la reconnut immédiatement à sa blouse blanche rayée dc bleu. C'était elle, la gardienne qu'il appelait Mommy, et qui le prenait quelquefois sur ses genoux quand il était petit ! Les traits de son visage n'avaient pas changé, ils étaient simplement affaissés : Mommy était devenue une petite pomme toute ridée. Ratatinée sur elle-même, elle était immobile. Il hésita un long moment, le doigt sur le bouton, à sonner. Mais il n'osa pas. Il ne voulait pas la réveiller et, surtout, prendre le risque de la bouleverser par cette visite impromptue. Le reconnaissait-elle quand il passait à la télévision ou lorsque sa photo paraissait dans les journaux ? Elle avait raison quand elle lui disait qu'il était né dans une huître, et c'était lui, la perle ! Lorsque, se mettant de nouveau sur la pointe des pieds, il aperçut, au loin, la cour de récréation, il sentit cet étouffement mêlé de vanité triomphante et d'attendrissement béat qu'ont les autodidactes quand ils reviennent chez eux, glorieux, visiter leur terroir, en quête d'explications sur le germe de leur succès. Vaguement conscient de tout cela, rempli jusqu'au malaise d'une foule de sentiments contradictoires, il rentra chez *Arthus*.

*

Balthazar était confortablement assis à éplucher son courrier du matin quand son œil fut attiré par une enveloppe grise, du même ton que celles qu'il avait précédemment reçues. Il la prit et la décacheta vivement. Aucun rapport. Il s'agissait d'une publicité financière. Pourtant, les quelques mots en gras qui parsemaient la lettre attirèrent son attention :

> Madame, monsieur, [...] un fonds d'investissement américain désirant réaliser des placements éthiques dont vous trouverez la liste ci-dessous [...] vous propose de prendre contact avec lui par l'intermédiaire de son agent à Paris dont les coordonnées sont les suivantes...

Dans la liste des placements éthiques figuraient certaines entreprises de traitement de déchets titulaires d'un label spécial, des entreprises menant des activités de protection de l'environnement, des entreprises exerçant des activités d'éducation et d'enseignement, et des entreprises développant les cultures régionales, agricoles et gastronomiques. Quel drôle de concept que celui de placement éthique, tout de même, songea Balthazar. Il eut à peine le temps de finir la lecture de la lettre que son téléphone sonna. C'était l'agent en question. Un homme, la cinquantaine, une voix grave et posée.

« Bonjour monsieur, Nicholas Richardson, de la société Ethics Trading International. Je ne vous dérange pas ? Avez-vous reçu notre courrier ?

— Euh, oui.

— Le fonds d'investissement que nous représentons, et qui tient pour le moment à garder l'anonymat, nous a fait part de son souhait de promouvoir la haute gastronomie française et de lui donner toutes les chances de survivre et de s'épanouir. Cela passe par un bon financement, n'est-ce pas ?

— ...

— Comme vous le savez, les plus grands restaurants français souffrent de graves difficultés financières. Leurs coûts fixes sont si importants qu'ils ne réussissent pas à équilibrer leurs comptes. Les grands restaurateurs sont des artistes et on leur demande d'être des gestionnaires. Un comble ! Certains d'entre eux, du fait de leurs soucis financiers, perdent leur sérénité et leur créativité. Le fonds que je représente en tant que *trustee* pense que la gastronomie française fait partie des valeurs de ce monde qui doivent perdurer. Il pense aussi que cette activité, bien gérée, peut être très lucrative.

— C'est un concept nouveau ?

— C'est dans l'air du temps. Certains de vos confrères se sont introduits en Bourse. En faisant appel à ce financement externe, ils ont en quelque sorte mis fin au monopole des banquiers locaux, aux moyens insuffisants et sans aucune grandeur d'esprit, qui les soutenaient puis rompaient brusquement et abusivement les crédits accordés, effrayés par les premiers exercices sociaux déficitaires.

— Il me semble dangereux de faire appel à des capitaux extérieurs, et de surcroît — pardonnez-moi cette pensée — étrangers. Les quelques confrères qui se sont introduits en Bourse ont connu des déboires avec leurs actionnaires au moment de l'annonce de leurs résultats, notamment avec les fonds d'investissement étrangers qui ont menacé de se retirer brutalement si le chef ne changeait pas sa carte des vins. Que vient faire la finance dans notre art ?

— Permettez-moi de vous contredire, monsieur Chacun. L'argent finance votre art, il est essentiel à sa survie et à son épanouissement. Michel-Ange n'aurait jamais peint la chapelle Sixtine s'il n'avait été payé pour le faire. Le riche mécène, le banquier, l'argentier, les rois, bref, les puissants, ont toujours permis l'épanouissement de l'art dans ses formes les plus sublimées. Considérez ce financement comme du mécénat, il ne s'agit de rien d'autre. Certes, le mécénat n'a jamais directement concerné la gastronomie. Mais il est temps. Il n'est que de constater le nombre de grands restaurants en redressement judiciaire, littéralement dépecés et jetés en pâture à leurs créanciers en quelques mois. Je vous accorde que l'introduction en Bourse n'est pas la meilleure forme de financement externe, car elle permet de faire rentrer dans le capital d'un restaurant, non seulement une multitude d'actionnaires qui ne comprennent pas grand-chose à la gastronomie, mais également de grands investisseurs qui ont une logique uniquement financière, et, qui plus est, à court terme. Si le premier exercice social n'est pas bon, ils se retirent et le titre chute. "Wall Street Walk", comme on dit. Tout cela n'est pas propice à la sérénité des chefs. Ils y trouvent leur compte dans un premier temps au plan financier, mais connaissent rapidement les tracas du chef d'entreprise confronté aux turbulences des marchés financiers. Ces tracas sont nuisibles à l'exercice de leur art. De plus, s'introduire en Bourse, c'est un peu se vendre sur la place publique. Cela me semble assez antinomique avec l'image intime, confidentielle que doit donner une maison comme la vôtre. C'est pourquoi je pense qu'il est nécessaire, dans votre métier, d'être assisté sur le long terme par un investisseur très haut de gamme et spécialisé sur les risques de votre métier, mais qui reste confidentiel.

— Mais je ne souhaite pas que quelqu'un me dicte ma conduite !

— Monsieur Chacun, savez-vous que tous les joailliers de la prestigieuse Place des Joailliers ont fait appel à nous depuis près de dix ans pour la quasi-totalité de leurs financements ? Avez-vous remarqué dans les créations de ces grands bijoutiers, ou bien dans leur stratégie commerciale ou financière, un revirement, un défaut ou quoi que ce soit qui vous permettrait de penser à une baisse de qualité ou de créativité ? Non, bien sûr. Monsieur, la maison que je représente, qui choisit ses clients comme une perle parmi des milliers d'huîtres, vous a choisi, vous, et pas un autre chef dans le monde, pour investir dans vos nouveaux projets. Qu'attendez-vous ?

— ...

— Dès que vous aurez un nouveau projet, pour *Arthus* ou pour une autre idée, par exemple, la création d'un nouveau restaurant, appelez-moi.

— ...

— Au revoir, monsieur.

— Au revoir, monsieur. »

*

Sa décision de vendre *Arthus* et de créer un autre restaurant fut prise dans le mois. Helga était en train de faire déjeuner Diane quand Balthazar fit brusquement irruption dans la cuisine de leur appartement. « Helga, il faut que nous parlions. »

La jeune mère se tourna vers son mari. « Quoi, te voilà bien agité ce matin !

— Helga, j'ai eu une vision. Je nous voyais tous deux monter un restaurant complètement fou, un restaurant qui n'existe pas encore, totalement novateur. Ferme les yeux : tu pénètres dans une très grande galerie d'entrée...

— Où ça ? Dans quel quartier ?

— Peu importe, ferme les yeux et projette-toi, c'est tout ce que je te demande. Allez, ferme les yeux ! Bon. Tu entres dans une très grande galerie, tapissée de velours ou de satin rouge, tu sais, ce rouge éclatant des théâtres ? Une hôtesse te débarrasse. Contrairement aux autres restaurants, tu peux, et c'est mieux, également enlever tes chaussures. Si tu te déchausses, et l'ambiance s'y prête à merveille, une autre te fait prendre un bain de pieds et te les masse ensuite avec un onguent oriental parfumé.

— Tu délires complètement, mon chéri.

— Tais-toi et écoute. Laisse-toi bercer par mon imagination. Je continue. Il y a un peu de bruit de conversations, et de la musique... pourquoi pas orientale. Les hôtesses, un peu dénudées, tu sais, un peu à la manière égyptienne, te font passer derrière un épais rideau de velours, rouge aussi. Et là, tu découvres le restaurant, que dis-je, le *Palais des Nuits* ! Le salon principal, que j'appellerai le Salon d'Honneur, est une très grande pièce ovale ou ronde, très haute sous plafond, avec des colonnes et plein de recoins, comme les bains turcs où nous sommes allés l'an passé. Les murs sont tendus de tissu et sur certains de ses pans sont peintes des fresques très colorées, surchargées d'or. Les gens ne sont pas attablés, ils mangent et discutent allongés. Ainsi, ils sont reposés, détendus et souriants. Les serveurs leur apportent des plateaux entiers de la nourriture qu'ils ont commandée. La quantité ne compte plus. Ils en ont pour leur argent et le but est qu'ils ne puissent jamais, jamais entends-tu, finir leur plat. C'est ce sentiment de profusion, profusion de services, de couleurs, de sons, de mets et de sensualité dont il faut qu'ils se souviennent. La profusion amènera le sourire sur leur visage. C'est tellement bon d'en avoir trop ! Je veux, de ma cuisine, les entendre rire aux éclats. Entends-tu ? Qu'en penses-tu ?

— Je pense que nous sommes en pleine période miste, une période où les gens ne rient pas, ne mangent pas, ne boivent pas, se donnent rendez-vous dans des bars à eaux, font leurs courses dans des boutiques immenses qui ne proposent tout au plus que trois articles à la vente et qui plus est sans couleurs. C'est le culte du vide, le culte du non-être, le culte du rien, et tu me parles d'aller à l'encontre de cette tendance et d'offrir à tes clients une profusion de calories, de couleurs, de goûts et de bruits ?

— Oui. J'y crois. Souviens-toi, Helga, le concours de gastronomie d'il y a quelques mois. Les gens vont bientôt exiger d'être touchés, d'être surpris, d'être émus. Ils en ont marre de tout contrôler, de manger "light", de boire "light", de se doucher "light". Hier encore, j'ai vu un savon "light" dans les rayons d'un magasin. Un savon trois fois plus cher que les autres. Je me suis demandé ce qu'il pouvait avoir de moins que les autres qui explique sa cherté. Il lave moins bien ou quoi ? ai-je demandé à la vendeuse. Celle-ci est partie d'un grand éclat de rire et a reconnu que c'était en effet ridicule et que le monde commençait à marcher sur la tête. Les gens sont prêts sans le savoir, Helga. Il nous faut devancer cette nouvelle tendance, et même, en être les architectes, les concepteurs. Soyons les premiers, Helga, soyons les pourfendeurs du misme. Mettons-leur des étoiles dans les yeux !

— Et le financement ?

— J'ai reçu il y a quelques semaines, juste après avoir remporté le concours, une offre d'un investisseur étranger. Il m'a écrit qu'il serait prêt, si nous souhaitions changer de restaurant, à financer jusqu'à soixante-quinze pour cent de notre investissement, sans limitation de montant, le solde restant à notre charge. Avec la vente d'*Arthus*, nous aurons de l'argent.

— Tu veux céder *Arthus*, alors que tu viens de gagner ce concours, de détrôner Lepan, et de remporter une manche décisive pour reconquérir ton étoile ?

— Je sais que ce pari est risqué, mais il me redonne goût à la vie ! »

Sur ce, Balthazar saisit la cuisse d'un poulet fermier cuit qui était posé sur la table, la dévora à pleines dents et sortit de la cuisine en riant.

Sa décision était prise.

CHAPITRE III

Balthazar avait des idées bien arrêtées. Il voulait une maison ou un hôtel particulier en ruine avec de très grands volumes et, surtout, à la surprise d'Helga, un endroit un peu inquiétant. Or les habitations de ce type ne sont pas légion à Paris.

Il y avait bien cette bâtisse à proximité des anciens Moulins de Paris. Elle était terrifiante, elle. Pourtant, Balthazar refusa de l'acheter. Le quartier s'était beaucoup trop construit depuis que la Bibliothèque Maximale avait brûlé avec ses livres et toutes les illusions qu'elle avait fait naître dans les esprits vides de son temps.

Balthazar se souvenait très bien de cette nuit d'août. Il faisait chaud et on avait du mal à respirer. Le ciel de Paris était tout rouge, et une foule de gens, alertés par les médias, s'étaient agglutinés au pied du très grand livre ouvert duquel sortaient en flammes et en hurlant à la mort des milliards de mots brûlés vifs. Certains badauds, émus par ces longs sifflements aigus, détournaient la tête en silence, un peu honteux de la grandeur des sentiments qu'ils éprouvaient : ce n'étaient que des mots. D'autres pleuraient, épouvantés par ce bûcher immense et brusquement paniqués de voir tout ce savoir, dont ils n'avaient habituellement que faire (nombre d'entre eux n'étaient jamais allés dans une bibliothèque), mourir d'une mort aussi spectaculaire que bruyante.

Depuis cet autodafé aussi involontaire que ravageur, le quartier s'était beaucoup construit. Les zones d'aménagement concerté s'étaient multipliées au gré des changements de gouvernements et d'amitiés, et le nouveau quartier, très moderne et futuriste, rendait la vieille bâtisse totalement incongrue sur ce site. Balthazar renonça, après quelques hésitations, à l'acheter.

Le mois suivant, au cours d'une promenade avec Helga sur les berges de l'île Saint-Louis, à côté du petit pont qui donnait accès à l'île de la Cité, il aperçut, sur les berges de la Seine, un superbe hôtel du XVIe siècle, immense et froid, haut, étroit et dressé à la manière d'une forteresse. Il était sale et imposant, et ses rares fenêtres, de forme ogivale, étaient rendues opaques par d'épais et crasseux vitraux d'époque aux coloris foncés. Le portail d'entrée était surplombé d'une sorte de chapiteau que soutenaient deux hommes vigoureux et nus, aux cheveux longs et frisés, à la barbe bouclée. Dans le tympan du portail de l'entrée s'assoupissait un lion, entouré de bas-reliefs représentant, à sa gauche, des épis de blé, des sacs de farine et une fourche, à sa droite, des raisins, des courges, des citrouilles et des feuilles d'acanthe, qui dégueulaient d'un sac. D'innombrables chimères et autres gargouilles sertissaient de leurs grimaces monstrueuses l'énorme porte cochère en bois foncé, de forme ogivale elle aussi. De l'extérieur, l'ensemble était baroque, lugubre et saisissant de complexité. Le château d'un prince des ténèbres, ésotérique et froid.

Balthazar acquit l'hôtel quelques semaines plus tard. Financé par le fonds d'investissement, il y entreprit des travaux pharaoniques. Ou n'avait pas vu, depuis des décennies, une telle profusion d'artisans issus de tous les corps de métier : les meilleurs menuisiers, doreurs, décorateurs, sculpteurs, tisseurs, peintres, enlumineurs, marbriers et carreleurs du monde s'affairèrent pendant des mois sur ce palais. Balthazar, agissant en contremaître, donnait des ordres, vociférait en gesticulant sur le grand chantier.

Le chef d'œuvre fut à la mesure de cet investissement. L'extérieur de l'hôtel avait été conservé, sans changement ni ravalement. Pour entrer, il fallait sonner, en enfonçant son pouce dans la gueule ouverte d'un ouistiti en fer forgé et montrer son visage à la lucarne grillagée de la porte d'entrée. Celle-ci s'ouvrait dans un bruyant grincement sur une magnifique galerie d'entrée, très haute de plafond, illuminée, comme dans les châteaux médiévaux, par des torchères scellées aux murs. Le sol était marqueté de différents marbres : sur un fond de marbre beige, d'immenses serpents, rouges, gris, verts et noirs s'entrelaçaient avec grâce en exhibant leur langue fourchue. Le long de la galerie, plusieurs consoles en demi-lune, lambrissées de marbre elles aussi, étaient disposées contre le mur et supportaient des candélabres et des animaux de bronze de toutes espèces. Les murs étaient tapissés de lourdes tentures rouge sang, tissées à la main, dans lesquelles s'entremêlaient en se confondant dans la matière un nombre infini de fils d'or, à peine visibles à l'œil nu, mais qui conféraient au tout une impression de luxe. Au fond de la galerie d'entrée brûlait un très grand feu de cheminée, dont les flammes, jaunes, bleues, rouges et vertes, léchaient avec délice des monstres de fer avant de s'engouffrer dans le conduit. Sur le mur, de grands chiens s'acharnaient sur une bête sauvage terrorisée, à moitié couchée dans un sous-bois, pour achever collectivement la bête ensanglantée. D'autres posaient, fiers et calmes, avec l'œil luisant du vainqueur, leur proie se balançant, inerte, entre leurs crocs. Des chevaux, aux jarrets maculés de boue, de brindilles et de sang, se jetaient, fumants et haletants, dans la brume du matin, l'œil fou, portant leurs cavaliers à la poursuite du gibier. À côté d'eux, dans un coin, les *Quatre saisons* d'Arcimboldo, rassemblées à grand prix pour orner ce qui devait devenir le haut lieu du culte des plaisirs de la bouche, se faisaient face, deux par deux, pour reconstituer le chef-d'œuvre du peintre renaissant.

La galerie d'entrée amenait les convives jusqu'à une immense salle à manger, rectangulaire, très haute, dont le plafond formait une voûte étoilée. La salle comptait de chaque côté une rangée de colonnes, qui en accentuaient la majesté. Cette pièce était pratiquement aveugle : les rares fenêtres de vitraux colorés ne laissaient filtrer qu'une once de lumière. Balthazar avait fait sceller, çà et là, des torchères sur les murs. De riches tapis multicolores parsemaient le sol de marbre rouge. Les tables des convives étaient basses et rectangulaires, marquetées de différents marbres et soutenues par des pieds d'or torsadés. Autour il y avait non pas des fauteuils, mais des divans recouverts de tissus précieux, écrus, rouges, dorés, à la passementerie très travaillée, sur lesquels étaient disposés des coussins de soie de Chine. L'ensemble était riche, chaud, magnifique.

Sur le mur le plus long de cette salle était suspendu un immense tableau de plusieurs mètres de longueur, très haut aussi. Il formait un diptyque avec un autre tableau qui lui faisait pendant sur le mur d'en face. Il représentait Tantale, fils de Zeus, enfant mortel du Maître de l'Olympe, recevant avec faste les Olympiens et goûtant avec les dieux au nectar et à l'ambroisie que, hormis lui, nul mortel ne pouvait savourer. La joie illuminait les visages. Le banquet occupait les deux tiers supérieurs de la scène. Le peintre avait utilisé toute une palette de couleurs chaudes pour décrire le plaisir des dieux. Zeus entouré de ses proches trônait au centre, ravi de la manière dont son fils le recevait. On apercevait, çà et là autour du banquet, une multitude de serviteurs. Pourtant, à bien regarder le tableau, on pouvait remarquer, en bas et à droite de celui-ci, un esclave, dans l'ombre, portant à bout de bras le chaudron dans lequel Tantale avait fait cuire, des heures durant, à gros bouillons, son fils Pélops qu'il s'apprêtait à servir aux dieux à leur insu. Du chaudron sortait une épaisse fumée verdâtre, dont le fumet semblait dégoûter le malheureux serviteur. L'autre tableau, qui faisait face à celui-ci, dépeignait Tantale, que les dieux, outrés par cet abominable festin, avaient abandonné au milieu de l'Hadès, entouré d'arbres chargés de fruits : poires, grenades, pommes rosées et figues douces qu'il ne pourrait jamais manger, et de cette eau douce et limpide qu'il ne pourrait plus jamais boire. En haut à gauche, Zeus, l'œil furieux, assistait à la punition éternelle du cynique Tantale. Balthazar, trop ignorant, ne sut si les dieux avaient goûté le plat détestable.

*

Le *Palais des Nuits* suscita en quelques semaines un engouement démesuré et les articles de presse sur ce restaurant ne tarissaient pas d'éloges. Les clients, qui avaient le choix entre dîner assis ou couchés, choisirent bientôt tous de dîner couchés. Bientôt, les rares fauteuils du restaurant disparurent pour être remplacés par des divans. Balthazar fut presque surpris de constater avec quelle facilité les convives profitaient, sans pudeur aucune, des attentions qui leur étaient offertes : à leur arrivée au *Palais des Nuits*, ils se déchaussaient et, pieds nus, suivaient l'hôtesse dans le boudoir adjacent. Là, une jeune femme les faisait asseoir dans un large et confortable crapaud de velours rouge et leur lavait les pieds. Puis elle les essuyait et les pétrissait longuement avec un onguent parfumé. Ainsi, ils allaient rejoindre leur table, pieds nus, sous la voûte céleste. Transportés dans un royaume enchanteur et chypré, dépaysés et détendus, ils devenaient sereins et réceptifs aux plaisirs de la bouche.

En cuisine, Balthazar gueulait les commandes. Les ordres fusaient, les petits hommes blancs couraient vers les fours, se retournaient brusquement pour surveiller la cuisson d'une sauce, couraient à nouveau éteindre le feu sous un poêlon, glissaient sur le carrelage, se cognaient contre leurs collègues et avant même d'avoir fini leurs excuses, repartaient de plus belle, leurs ustensiles à la main.

En quelques semaines, une clientèle d'habitués se constitua. Le *Palais des Nuits* était un petit État oriental dans Paris, un palais dans un palais, avec ses rites, sa culture, son ambiance, sa musique. Sa préciosité donnait l'envie de se parer pour la circonstance. Les divans commandaient des tenues longues et fluides chez les femmes, et les matières se devaient d'être riches pour s'accorder avec la décoration somptueuse et festive. La clientèle était assez bigarrée : il y avait d'abord la clientèle d'*Arthus*, qui avait suivi son maître dans ses excentricités, cette frange de la population qui, de tous temps, est de toutes les modes et de tous les excès. Les sauvageonnes les plus convaincues d'il y a quelques mois à peine troquèrent avec plaisir leurs robes et leur maquillage transparents contre des tenues et un maquillage lourds. Il y avait aussi les mondains, gens de la communication, du spectacle et artistes, qui jubilaient dans cet exutoire de notre fin de civilisation conformiste. Et puis, au fur et à mesure que la réputation du restaurant se propagea, vinrent pêle-mêle les grands industriels, chefs d'État, call-girls et rois du pétrole. Cette dernière catégorie de personnes hésita quelque temps à passer du service assis au service allongé, et à accepter de manger pieds nus. Mais, une fois habituée, elle en devint friande, ayant constaté que les affaires, tant professionnelles que personnelles, se traitent plus aisément allongé qu'assis.

En salle, une multitude de serveurs enturbannés de soie couraient en se faufilant entre les divans, portant deux par deux des plats énormes ou bien encore des broches auxquelles pendaient des cochons de lait entiers, et distribuaient de généreuses portions à ceux qui leur faisaient signe. La profusion qui régnait au *Palais des Nuits* n'avait d'égale que la délicatesse des plats qui y étaient servis.

CHAPITRE IV

Balthazar était assis dans le grand fauteuil de son bureau. Il était onze heures du matin. L'heure à laquelle le personnel déjeune. L'heure à laquelle le restaurant est vide. L'heure creuse, en somme. On était mercredi. Helga était partie chercher Diane à la sortie de l'école pour l'emmener à sa leçon de solfège. Il déplia le journal. Rien d'intéressant. Il le referma aussitôt. Depuis qu'il avait créé le *Palais des Nuits*, il allait bien. Très bien, même. Il était satisfait de lui. Quelle réussite ! Si ses parents avaient su ! Peut-être l'auraient-ils gardé. Peut-être étaient-ils déjà morts... Il étendit ses jambes sur son bureau, se renversa dans son fauteuil et croisa les mains derrière la tête. Il n'était que de constater les bénéfices du restaurant et de lire les articles de journaux : lui, Balthazar Chacun, avait inventé de toutes pièces une nouvelle façon de vivre, joyeuse et brillante, qui faisait rêver les foules.

On frappa à la porte. Le voiturier entra et lui apporta le courrier du jour. Son regard se posa sur la pile de correspondances. Il distingua immédiatement l'enveloppe grise parmi les strates de papiers blancs. Submergé par la curiosité, il allait demander au voiturier des informations sur la provenance de cette lettre quand il se ravisa. Il remercia l'homme d'un bref signe de tête et attendit que celui-ci eût refermé la porte derrière lui pour la décacheter fébrilement. Elle disait ceci :

> Félicitations. Le *Palais des Nuits* brille de ta magnificence. Enivres-y tes convives de tes agapes nocturnes et fais-leur découvrir de lointaines saveurs. Étends ton horizon, et ta carte, devenue universelle, s'étirera d'elle-même comme une jeune femme épanouie après un long sommeil.

Balthazar replia la lettre, se leva et la rangea avec les précédentes, dans le tiroir de son secrétaire personnel. Il était nerveux. Qui était le mystérieux auteur de ces lettres ? En tout cas, quelqu'un qui avait des idées, qui connaissait suffisamment le milieu de la haute gastronomie parisienne pour que ses prédictions — qu'elles fussent d'échec ou de succès — se réalisent. Un être intuitif surtout, qui sentait le vent des modes.

Balthazar avait un temps songé à demander au détective privé devenu son ami, Brador, d'enquêter sur ces fameuses lettres anonymes. Puis il y avait renoncé. Il essayait de se raisonner : elles ne le dérangeaient pas, ces lettres. Il pouvait en faire ce qu'il voulait, après tout. Chacune avait provoqué chez lui des réactions diverses : la première l'avait étonné, la deuxième l'avait alarmé, la troisième, celle du concours, l'avait enthousiasmé, toutefois, il fallait admettre que la dernière l'irritait. Il commençait à trouver pénible leur ton, paternaliste et familier. Surtout, les consignes qu'elles renfermaient lui donnaient la désagréable impression d'être sous la tutelle de quelqu'un, même si ce quelqu'un était souvent de bon conseil.

Mais Balthazar n'aurait jamais eu l'audace de se plaindre ni même de s'ouvrir de ces lettres à quiconque. D'abord, on ne pouvait parler de harcèlement, Balthazar ayant reçu seulement quatre lettres en deux ans. Ensuite, ces missives n'étaient pas bien dangereuses. Surtout, elles constituaient une source d'inspiration que Balthazar ne voulait pas tarir. Car, il fallait bien l'avouer, le génial Balthazar n'était pas brillant sociologue. Il était trop vaniteux pour reconnaître que sa décision de créer le *Palais des Nuits* lui était venue d'une suggestion extérieure. Trop vaniteux pour prendre le risque de dévoiler le secret de son inspiration à autrui. Balthazar, le surdoué du palais, manquait d'imagination. Or, des idées nouvelles, voire révolutionnaires, lui étaient apportées, à doses régulières, par une personne qui avait décidé de rester anonyme. Cet inconnu assurait sa prospérité, sa gloire et même sa postérité. Pourquoi alors lancer des recherches pour découvrir une vérité qui serait finalement difficile à accepter ?

Midi ! Balthazar se rassit convenablement et traita quelques courriers. Cependant, un agacement grandissant le rongeait, parce que cette lettre, comme les autres, semblait venir d'une personne qu'il ne contenterait jamais. Il descendit aux cuisines.

*

Balthazar, toqué de blanc, observait les marmitons qui s'affairaient dans la vapeur, les odeurs et le bruit sec des ustensiles de la cuisine. Deux d'entre eux, dans le fond, détaillaient sur le billot, à grands coups de couperet, des pattes d'ours, énormes, qu'on venait de recevoir de Chine. Balthazar avait ordonné qu'on les servît ce jour. À quelques mètres d'eux, un autre marmiton faisait cuire, dans un faitout de cuivre, une quantité impressionnante de volailles pour en faire un fond de sauce. Dans la deuxième cuisine, un essaim de marmitons, plus jeunes, s'agitait autour de cageots multicolores débordant de fruits et de légumes : pêches, fraises, framboises, abricots, poireaux, haricots cocos, petits pois, carottes, navets et blettes passaient tour à tour sous leurs couteaux tranchants pour être épluchés, équeutés, écossés, effilés, coupés en rondelles, puis jetés dans l'eau bouillante, rissolés ou broyés, mixés, battus, pressés, réchauffés, réduits, bref, transformés entre leurs mains expertes.

Balthazar, bien qu'il fût assisté d'un excellent collaborateur, Julien, continuait à tout contrôler : plusieurs fois par jour, il descendait aux cuisines pour vérifier leur propreté, contrôler l'origine et la qualité des matières premières utilisées et, surtout, goûter. Il choisissait, au hasard de son odorat ou de son intuition, un fond de sauce, un coulis de citron, un velouté de pois, un rognon de veau, un type de pain. Il saisissait une fourchette ou une cuillère, et les marmitons, l'ustensile à la main, suspendaient un instant leur labeur pour observer, craintifs, le grand chef. Seuls le bouillonnement des légumes et le crépitement de la friture restaient audibles. Quand le patron opinait enfin du chef, les marmitons, soulagés, reprenaient leur ouvrage de plus belle. Plus rarement, il fronçait les sourcils ; alors il recommençait lui-même, devant le marmiton mortifié, le travail. Parfois, Balthazar revenait plus tard, au cours du service, pour ajuster la présentation de tel ou tel mets sur l'assiette. Il aimait, surtout le soir, magnifier la dégustation par le soin particulier qu'il apportait aux arts de la table. Pour chaque plat qu'il concevait, il faisait fabriquer des assiettes dont la forme, les matières et les couleurs enveloppaient ou au contraire rehaussaient le mets délicat. Quand on le taquinait sur cette bien coûteuse manie, il rétorquait : « Vous ne portez pas quotidiennement la même cravate pour tous vos costumes, n'est-ce pas ? Eh bien là, c'est pareil ! » Pour les dîners privés qu'il organisait parfois, il avait fait retrouver, à grands frais, par des spécialistes qu'il avait dépêchés dans les palais et les musées du monde entier, un service d'une grande beauté : commandé à la Manufacture royale de Sèvres en 1802, celui-ci était en pâte dure. Sur les ailes des assiettes ressortaient sur un fond bleu céleste des rubans d'or bruni et des fleurs d'or mat et de platine, tandis qu'au centre s'épanouissait un décor polychrome représentant des scènes de la mythologie grecque, dont les sujets — oiseaux, paysages, fleurs et personnages – avaient été ciselés par les ornemanistes avec une profusion éblouissante de couleurs — nankin, chamois, rose, vert d'eau, rouge et or — et un luxe de détails.

Aujourd'hui cependant, rien n'était assez bon : les sauces étaient trop grasses, le pigeon dur à s'en casser une dent, et les figues fades et sans goût. Balthazar entreprit de tout tester et, tatillon à l'extrême, adressa une critique à chacun des marmitons pétrifiés. Au fond de la deuxième cuisine, l'un d'entre eux achevait de trier et d'équeuter un gros tas de griottes. Il allait vite et sa dextérité était impressionnante. Balthazar le remarqua. Il s'approcha de lui, fouilla de la main le monticule rouge et y trouva enfin une cerise trop mûre.

« Comment oses-tu, dit-il en brandissant le petit fruit rouge, comment oses-tu, scélérat, présenter cette griotte au palais de mes clients ? Sors de cette cuisine, tu ne la mérites pas, oui, va-t'en, va-t'en tout de suite, je te dis ! »

Le marmiton, effrayé et contrit, recula jusqu'à la porte, la larme à l'œil, et sortit.

CHAPITRE V

Une femme était allongée, lascive, sur l'un des divans, au centre du restaurant. Seule, dans une robe longue, fluide, blanche, à paillettes, elle n'attendait visiblement personne, ce qui la rendait plus désirable encore. Elle dîna. Au dessert, elle demanda au maître d'hôtel de faire venir le chef à sa table. Balthazar, au seuil du Salon d'Honneur, reconnut immédiatement la belle sauvageonne qui avait attiré son attention chez *Arthus* trois ans plus tôt. Elle avait remplacé son diamant à la tempe gauche par un rubis étincelant. Il s'avança vers elle :

— Bonsoir, madame, je me présente, Balthazar Chacun.

— Bonsoir. » Elle lui tendit la main. « Julia, reprit-elle, Julia Williams. Je suis ravie d'avoir enfin le privilège de vous rencontrer. Tout le monde parle de la façon dont vous avez révolutionné la cuisine. »

Balthazar ne put s'empêcher d'esquisser un rictus à peine perceptible. Il hésita à reprendre la conversation. Il se hérissait devant les verbes « révolutionner », « solutionner », « ambitionner », « positionner » dont ses contemporains abusaient et qui, à son oreille, rivalisaient de laideur. C'était idiot et laid comme de mettre du faux sucre dans son café à la fin d'un menu gastronomique. Toutefois, il consentit à rester agréable. La jeune femme avait des yeux de loup et une certaine allure. Balthazar était charmé. De ses grandes et adorables dents blanches, elle reprit la conversation.

« Vous savez, je trouve votre cuisine et votre restaurant remarquables. Je viens assez souvent, mais je ne me lasse pas de l'endroit. C'est magnifique, n'est-ce pas, ce plafond astral ? Un chef-d'œuvre. Le décor très suggestif est propice à l'épanouissement des sens. Bravo.

— Vous venez souvent ? Mais nous ne nous sommes jamais parlé. Quelle est votre occupation principale dans la vie ?

— Manger et boire. Je suis critique.

— Critique ?

— Oui, critique gastronomique.

— Depuis quand ? demanda Balthazar, tout à coup vivement intéressé.

— Depuis quelques années. Ne me demandez pas depuis quand exactement, fit-elle d'un joli ton boudeur, vous allez me blesser !

— Pour quelle revue ? articula-t-il.

— Pour *Déconnexion*. Vous connaissez ? Mon père est mort il y a huit ans et, veuf, m'a légué toute sa fortune. Alors je m'amuse. J'avais commencé des études de gastronomie. Mais je manquais de patience et de précision. J'ai finalement décidé de créer cette rubrique dans ce journal. Grâce à moi, la rédaction vous aime, vous savez ! Et les lecteurs aussi. Vous avez fait de la gastronomie un art. Mais, au-delà encore de cette question de l'art culinaire, vous avez donné naissance à une nouvelle tendance qui est, plus qu'une mode, une évolution des mœurs. Chin-chin, à la mort du misme ! dit-elle en levant sa coupe de champagne qu'elle fit mine d'entrechoquer contre une flûte imaginaire.

Balthazar était interloqué. Il prit congé de la jeune femme, ému. Après cette conversation, il quitta le *Palais des Nuits* surexcité. C'était elle, l'auteur des lettres ! Il en était certain. Ces études de gastronomie inachevées, ce caractère altier et un peu péremptoire, ces idées sur les tendances de l'époque, sur la fin du misme. Balthazar exultait. En même temps, les questions l'assaillaient : pourquoi avait-elle décidé, ce soir, de se dévoiler enfin à lui, après plus de deux ans d'anonymat ? Peut-être s'était-elle aperçue que ses idées pouvaient avoir un prix. Peut-être allait-elle lui demander un service, un emploi, une interview exclusive, voire des aveux publics ou une association... Balthazar en tressaillait d'avance. Il essaya de se calmer.

Quant à l'identité de l'auteur, il éprouvait des sentiments mêlés : il était soulagé de connaître enfin son visage mais il était aussi un peu déçu. Une partie du mystère était rompue. Surtout, cette rencontre allait marquer la fin de cette aventure épistolaire, de ce dialogue muet entre la muse et son artiste, et, partant, probablement aussi, le tarissement de cette source d'inspiration. Et puis... son orgueil l'avait poussé à porter aux nues l'inconnu des lettres, à le déifier. Comment Balthazar, le grand Balthazar, chef d'entre les chefs, avait-il pu être inspiré par une simple jeune femme, ravissante certes, mais dont ni le vocabulaire ni les idées ne l'avaient surpris au cours de la conversation qu'il avait eue avec elle. Arrivé à l'appartement, il se coucha auprès d'Helga endormie, assez content, un peu contrarié.

Le lendemain, il contacta Brador. Il lui demanda une enquête fouillée sur la jeune femme.

*

Une semaine plus tard, Balthazar fit venir Brador dans son bureau.

« Tu as des informations sur cette femme ?

— Tu t'intéresses aux jeunes femmes à présent ?

— Je m'intéresse à cette jeune femme, un point c'est tout. Alors ? »

Le détective se laissa tomber lourdement dans le fauteuil que lui offrait Balthazar. Il prit une cigarette que lui présentait Balthazar et l'alluma.

« Julia Williams, citoyenne américaine, naturalisée française il y a huit ans. Une riche héritière de vingt-neuf ans. Sa mère est morte quand elle en avait huit. Son père, un Américain qui a fait fortune dans l'hôtellerie de luxe en Europe, est décédé il y a huit ans tout juste, des suites d'un accident de voiture aux circonstances troubles auquel la petite a assisté. Cours d'art culinaire à l'Académie de Paris. Elle a tout lâché au moment du décès de son père pour se lancer dans le journalisme. Un peu disjonctée, la fille. Le journal où elle travaille, *Déconnexion*, s'adresse aux vieux-jeunes de vingt à trente-cinq ans, riches et urbains, un peu décalés, enfin snobs, tu vois le genre, quoi.

— Mariée ?

— Non. Ou plutôt si, avec un gros armateur grec connu dans tout le bassin méditerranéen. Mais elle a divorcé, sans enfant, il y a cinq ans. De l'histoire ancienne. Elle couche souvent, d'après ses voisins. Elle choisit ses victimes, la garce ! Elle a une armée de prétendants riches et beaux. Elle les use et les pousse à bout mais ne les utilise qu'une fois. Puis elle les jette. Comme cet insecte, tu sais, c'est connu... Ah oui, c'est ça, comme une mante religieuse ! Les hommes sont des biens consomptibles et fongibles dans ses bras. Brrrr ! Ça me fait froid dans le dos ! Ne t'attache pas trop, c'est risqué.

— Arrête, il ne s'agit pas de cela.

— Eh bien, de quoi s'agit-il ? Bon, plus important, car il faut bien finir sur le plus important, n'est-ce pas ? J'ai retrouvé chez elle, dissimulé dans une grossière cachette, un énorme dossier sur toi. Elle sait tout de toi, Balthazar, tout. Depuis tes origines jusqu'à maintenant. Elle a même des photocopies de ton dossier d'admission à l'orphelinat. Elle s'y est rendue il y a quelques mois. Elle collectionne toutes les coupures de journaux qui parlent de toi et de ta cuisine. Tu opères visiblement sur elle une véritable fascination, mon cher ! »

C'est donc elle, songeait Balthazar. Il sourit dans le vague. Qu'elle était belle, aussi ! Se reprenant, il remercia son ami, et le poussa à prendre congé.

*

Balthazar décida le jour même d'appeler Julia. Il fallait qu'il lui parle. Afin de lui faire comprendre qu'il l'avait démasquée, qu'il obtienne des explications sur les raisons de ces lettres et qu'ils parlent de la façon dont ils envisageaient l'avenir. Balthazar désirait aussi très fortement conquérir ce joli museau. Sans se l'avouer, Balthazar espérait posséder, à son tour, cette femme. Pris entre des sentiments d'admiration et de revanche envers sa muse, aussi dépourvu de reconnaissance qu'un roc de granit l'est de sève, il prit son téléphone.

« Bonjour Julia, Balthazar Chacun. Je ne vous dérange pas ? »

Long silence au téléphone. En général, Balthazar aimait les silences. Il est vrai qu'il est des silences sots, comme le mutisme de l'élève ignorant le jour d'un examen oral, ou encore celui de certaines femmes peu savantes à qui l'on tente de faire la conversation et qui restent à vous écouter la bouche bée et l'œil vide, à la manière des poissons morts flanqués sur un lit de glace, sans jamais saisir les multiples perches que leur tend leur interlocuteur, et qui dissimulent leur bêtise en feignant une timidité d'un âge révolu. Mais il est aussi des silences qui sont magnifiques et émouvants. Certains sont légers, et permettent la concentration sur un seul des sens. D'autres silences sont lourds de mots qui ne seront jamais dits. Ce silence-ci était vide, vain et gênant. Le pauvre Balthazar commençait à sentir lui venir aux mains la poisse du malaise.

« Vous vous souvenez de moi ? ajouta-t-il enfin.

— Balthazar, mais oui, bien sûr, bonjour ! »

La belle conserva à nouveau le silence. Un autre silence, celui-ci. Un silence joueur. Dans un dialogue, celui qui tient en bouche un silence contraint en quelque sorte son interlocuteur à reprendre courageusement la main. Balthazar se détendit. Lui aussi aimait jouer.

« Julia, je vous connais à peine, mais jouons, voulez-vous ? Dites-moi un mot, un seul entendez-vous, et j'organiserai, aujourd'hui même, une soirée avec vous autour de ce mot. »

Vaguement intriguée, la belle lâcha « enivrement » et raccrocha, après avoir articulé l'adresse de son journal.

Le soir, vers vingt heures, il alla la chercher à la rédaction de son journal. Emmitouflée dans une grande pelisse, elle paraissait frêle. Cette fragilité, qu'accentuaient son teint pâle et la lumière blafarde des réverbères, l'attirait. Il la salua, l'invita à monter dans sa voiture, et roula à grande vitesse sur les boulevards. Encore un silence. Un silence de timidité partagée. Un silence qu'aucun d'entre eux ne souhaitait abîmer par des mots. Ils arrivèrent chez *Cardinale*, un club privé, très privé, si privé qu'il n'y avait presque personne. Il avait réservé un salon. Le maître d'hôtel les y conduisit. Sur une table se dressaient une demi-douzaine de décanteurs, chacun rempli de vin, chambré à point. Sur l'autre, une bouteille de champagne avec des fraises de toutes origines. Il l'aida à ôter sa pelisse et découvrit avec ravissement ses épaules nues et le reste de son corps savamment drapé d'un léger tulle de couleur pourpre, qui soulignait le galbe de ses seins. Le dos, extrêmement décolleté, laissait entrevoir une croupe ferme et rebondie. Balthazar ne put réprimer un léger tressaillement de désir en découvrant l'ensemble. Il avait chaud ; faisait-il chaud ? La nuque de Julia ainsi que l'arrière de ses petites oreilles veloutées lançaient de discrets messages olfactifs. Les yeux de Balthazar étaient fascinés par les courbes de la jeune femme. Cheveux, nuque, cou, épaules, dos, cambrure des reins, fesses, Balthazar ne parvenait plus à se ressaisir, tant il la dévorait des yeux et avait envie d'effleurer de ses lèvres cette chair. Il s'abandonna pendant quelques secondes à son imagination. La conjonction de la vue, des odeurs et de la douceur des épaules qu'il avait effleurées en ôtant la pelisse, alliée à ses brèves rêveries fantasmatiques provoquèrent un frisson délicieux qui parcourut toute sa colonne vertébrale et descendit jusqu'à son sexe. Brusquement troublé, il se dégagea vivement de la belle, s'acharna à poser délicatement, en la rajustant à plusieurs reprises, la pelisse sur un fauteuil dans un coin sombre du salon, et se retourna enfin vers elle. Son visage vaporeux semblait sortir d'une sorte de volute et ses lèvres rouge grenat appelaient déjà le baiser. Elle sourit.

« Julia, j'ai réservé ce salon pour nous deux. Nous allons jouer. J'ai fait venir de ma cave personnelle six bouteilles de vin et une bouteille de champagne. Sur ces six bouteilles, quatre...

La belle le prit par la veste et l'attira à elle. Quelques instants après, la libertine l'enserrait étroitement et se trémoussait sous lui de son mieux en poussant des petits cris de souris ridicules et pointus, des « oui ! », des « encore ! » et enfin un « oh, Balthazar ! ». Balthazar avait presque envie de rire. Il se retint devant sa beauté.

Il fallait en avoir le cœur net. Balthazar la tenait maintenant dans ses bras, contre lui. Elle sentait bon. Il posa doucement sa bouche contre son épaule et murmura : « Ma muse... »

— Ma quoi ?

— Ma muse ! » répéta Balthazar et, se redressant sur son séant : « Arrête, cela suffit maintenant, je sais qui tu es ! » dit-il en la pointant de l'index d'un geste dur et autoritaire.

« Explique-toi, se récria-t-elle, je ne comprends pas. »

Balthazar se redressa, stupéfait.

« Quoi, tu n'as pas écrit les lettres ? »

Au minois surpris de la fille, Balthazar comprit sa méprise. Il blêmit mais contint sa colère. En silence, il se rhabilla, attendit qu'elle se rhabillât aussi, et la raccompagna sans mot dire, à toute vitesse, au pied de son immeuble. Il était furieux. Furieux d'avoir perdu son temps. Furieux aussi d'avoir été trompé. Furieux enfin d'avoir trompé Helga pour ça. Pourtant, il était rassuré. L'inconnu valait mieux que cette fille qui ne savait ni parler correctement, ni cuisiner, ni faire l'amour. Rassuré aussi, parce que, peut-être, il recevrait de nouvelles lettres et que cette source d'inspiration n'était pas tarie.

Vers deux heures du matin, il rejoignit Helga dans le lit conjugal et s'endormit en se promettant de se concentrer dorénavant sur chacun des mots de la dernière lettre de l'inconnu, afin de ne pas gâcher la généreuse moelle qui lui était ainsi offerte, au lieu de suivre ses propres mirages. La muse était sans visage, et il ou elle voulait qu'il en soit ainsi. Il était aussi vain que pénible de chercher à savoir.

CHAPITRE VI

Balthazar sentait confusément, depuis quelque temps déjà, qu'il pouvait encore élargir le champ de ses connaissances, et, partant, celui de ses créations. Un jour, il s'amusa à recenser les ingrédients qu'il utilisait pour confectionner ses plats. Il fut surpris de n'en découvrir que trois cents. On n'y trouvait pas plus d'une trentaine de viandes différentes, pas plus d'une quarantaine de légumes, pas plus d'une centaine de fruits et d'épices. Pourtant, il devait bien exister dix fois plus d'ingrédients comestibles sur notre planète ! Avait-il déjà goûté toutes les fleurs qu'il aimait sentir, comme le muguet, le jasmin et le lis ? Non. Avait-il déjà goûté l'herbe verte, fraîche et tendre sur laquelle il aimait s'endormir l'été à la campagne ? Non. Avait-il déjà goûté la chair de tous les animaux qu'il connaissait ? Non plus. La créativité de Balthazar, comme celle de tous les chefs français depuis des siècles, avait été influencée par les étals des marchés et par les ingrédients qui étaient utilisés dans les livres de recettes de nos terroirs, vestiges de la préhistoire des communications.

Limité dans sa connaissance, Balthazar avait conditionné à son tour des centaines, voire des milliers d'autres palais. La carte qu'il avait élaborée chez *Arthus* avait été le produit de cette sclérose. Celle-ci, compréhensible jusqu'à une période récente, était inexcusable en ce troisième millénaire, qui consacrait la mondialisation des échanges et où l'on pouvait passer commande de tout en quelques heures. Il fallait aller à la recherche de nouveautés.

Balthazar fit venir, de toutes les régions de France puis de tous les pays du monde, tout ce que la nature offrait : plantes, animaux, minéraux pilés, eaux minérales, eaux de chaque océan, eaux fluviales, fleurs et jus de fleurs et racines, épices, poudres de troncs d'arbres, poils, ongles, plumes, carapaces et os d'animaux, tout fut goûté par Balthazar à cette époque. Chaque jour, Balthazar faisait de nouvelles découvertes dans les encyclopédies sur des contrées inconnues et commandait des matières premières insolites. Pays par pays, région par région. Aussi systématiquement que lorsque, encore adolescent, il avait fait et refait chacune des recettes de tous les livres de cuisine qu'il connaissait. Tous les jours arrivaient des colis de toutes provenances. Chaque nouveau goût était analysé par le jeune chef, puis soigneusement étiqueté, déposé dans une éprouvette, répertorié dans l'inventaire, conditionné sous vide dans des fioles de verre, le cas échéant, congelé et, enfin, rangé sur des centaines d'étagères fabriquées à cet effet dans ce qu'il appelait sa « Bibliothèque des Goûts », une grande pièce adjacente aux salles de stockage du *Palais des Nuits* qu'il s'était fait construire, dont l'entrée était tenue secrète. Ces nouvelles expériences gustatives durèrent plusieurs mois. Rarement Balthazar connut plus grand plaisir : chaque jour, selon les arrivages, il découvrait de nouvelles saveurs. Le comble, pour ce jeune chef blasé qui croyait, il y a quelque temps encore, tout connaître.

Son imagination, longtemps sclérosée par l'habitude et la

vanité, décupla. La nuit, son esprit ruminait les expériences gustatives vécues pendant la journée. Souvent, il se réveillait soudainement et son esprit bouillonnant imaginait de nouvelles compositions. Agité, il prenait un crayon et griffonnait fébrilement ses idées. Le lendemain, il s'enfermait à nouveau dans sa Bibliothèque des Goûts. C'est là qu'il testait et consignait ses recettes, qu'il conservait jalousement dans cet endroit retiré. Il mettait parfois trois semaines à créer un prototype. Quand il en était satisfait, il le faisait goûter à Julien et à ses proches collaborateurs. Une fois sa composition ajustée, celui-ci prenait le chemin des cuisines. Et il devenait plat ; il était baptisé, inscrit sur la carte et, enfin, offert aux papilles des convives.

Balthazar travaillait jour et nuit. Bientôt, sa cuisine s'en ressentit : le musc donna du corps aux poissons, les coulis de jus de racines ou de tubercules nappèrent les desserts les plus fins, les pétales de tulipes moulus plurent sur les poissons dont la gueule, béante, avait été gavée de fraises des bois et de bois de bambou et de rose. La gelée de muguet, conçue à cette époque, connut un succès triomphal. C'était un dessert très simple, mais raffiné et de surcroît très rare, car on ne pouvait le servir qu'au cours d'un seul mois de l'année, en mai. Balthazar faisait fondre durant des heures les petites clochettes blanches dans un peu de sirop élaboré à partir du suc de jeunes pousses. Il liait ensuite le tout en y incorporant une once de fécule et remuait lentement jusqu'à ce que le mélange épaissît doucement et formât une gelée opale. Il versait alors le dessert dans un ramequin chinois de porcelaine tendre, dont la blancheur laiteuse était rehaussée d'une branche de cerisier en fleur sur laquelle reposait une fine mésange bleue. Il laissait le dessert refroidir quelques heures et servait enfin la délicate gelée, accompagnée d'un verre de Caprice de Colombelle, servi bien frais, dont les notes aromatiques formaient avec la crème un duo enchanteur.

La nouvelle carte du *Palais des Nuits* fit grand bruit. Elle suscita l'éclosion d'une grande créativité dans la cuisine française. Longtemps confinée dans un refus de tout changement, celle-ci retrouva ses lettres de noblesse. Les chefs, qui mettaient jadis un point d'honneur à ne pas innover et qui vantaient les mets réalisés dans la plus pure tradition française, construisirent ensemble, sur les traces de Balthazar, l'âge d'or de la gastronomie, que l'on n'a plus jamais connu depuis. Les gens étaient devenus assoiffés de créativité et les chefs leur offraient un tourbillon de saveurs. C'était à celui qui créerait le plat le plus rare et le plus surprenant. La presse culinaire française, un temps pétrifiée par cette tendance qu'elle considéra d'abord comme une mode passagère, se laissa elle aussi entraîner dans cette tornade qui emporta avec elle les incompétents, les tristes et les prudents. De nouvelles associations se nouèrent entre les chefs les plus talentueux, réunissant le très médiatique et opportuniste Lepan, mais aussi Perduré et quelques autres, fondées sur l'apologie du cosmopolitisme des goûts et prônant l'encyclopédisme dans la connaissance des saveurs. Ce déchaînement de talents s'inscrivit dans une période de renouveau du continent européen, récemment unifié. L'Europe, cette vieille dame aux mains débiles et inexpertes, s'était muée en muse pour le reste du monde.

Le *Palais des Nuits*, à lui seul, signa la mort définitive du misme. Les historiens d'art et les sociologues d'aujourd'hui s'accordent à dire que jamais on n'avait vu un mouvement d'une telle ampleur s'étendre dans de si nombreux domaines, pour finalement s'éteindre aussi brutalement, par le simple effet d'un seul homme, ou plutôt d'un seul lieu. Car

Balthazar n'avait pas conscience des grands bouleversements dont ses idées étaient à l'origine. Il les découvrit dans les journaux qui titraient : « Le *Palais des Nuits* : la fin du misme » ; « Le *Palais des Nuits* sonne le glas du triste misme » ; « Monsieur Chacun pourfendeur du misme » ; « Révolution au *Palais des Nuits* », etc.

*

En quelques mois, Balthazar avait fait le tour du monde des saveurs. La marque ultime de cette étape fut atteinte le jour où il fut appelé par l'un de ses amis astronautes, Vélumar, et par le ministre de la Défense, Doza, un ancien industriel très influent dont l'intelligence et la sagesse l'avaient naturellement mené à cette fonction qu'il assurait depuis plus de vingt ans. Balthazar les connaissait bien pour les avoir maintes fois reçus chez *Arthus* puis au *Palais des Nuits*. Vélumar avait rapporté du sud du Kenya un morceau d'astéroïde ainsi qu'une petite pierre, qu'il avait ramassée sur la Lune au cours de son dernier vol. Les deux hommes voulaient offrir à la présidente de la République une dégustation originale à base de ces deux pierres. Ils chargèrent Balthazar d'organiser cette dégustation. Balthazar, honoré par cette invitation à travailler une parcelle de l'univers, accepta d'analyser les pierres. Il s'enferma dans la « Bibliothèque des Goûts ». L'astéroïde, recueilli par la Terre depuis plusieurs années, avait pris le goût de celle-ci et ne présentait malheureusement aucune originalité. En revanche, la saveur de la pierre de lune était complètement nouvelle. Elle était à la fois très prononcée et indescriptible. C'était un fait : la Lune n'était ni salée ni sucrée, ni acide ni amère. Ni neutre. Balthazar était, pour la première fois de sa vie, dépassé par un goût qu'il était dans l'incapacité de définir. Il ne pouvait même pas dire s'il trouvait la saveur bonne ou détestable. Balthazar hésita beaucoup sur le sort qu'il allait réserver à la pierre : la cuisiner en la réduisant en poudre, ce qu'il faisait généralement avec les minéraux, présentait le risque d'en travestir le goût. Il entreprit alors de concocter une mise en bouche très simple : au centre d'une assiette fabriquée pour la circonstance, en pierre ponce non traitée, représentant un massif montagneux, en relief, Balthazar avait disposé un morceau de la pierre de lune. Dans les sinuosités des montagnes, il avait pris le parti, après plusieurs jours de réflexion, de faire couler, à partir du sommet, quatre cours d'eau prélevée dans les océans Atlantique, Pacifique, Indien, et Glacial Arctique. La dégustation consistait à sucer le petit bout d'univers en le plongeant dans chacune de ces sources de vie. Ce jour-là, Balthazar jubila car il avait non seulement goûté et cuisiné tout ce que la Terre produisait, mais il avait également cuisiné et goûté un élément de notre galaxie. Désormais, sa connaissance des goûts était encyclopédique.

C'est au cours de cette année-là que Balthazar reconquit, sans difficulté, sa troisième étoile. Tout le monde s'accordait à dire qu'il avait atteint un niveau que personne ne pourrait jamais atteindre, bien au-delà d'une troisième étoile, bien supérieur à celui de ses contemporains, et probablement à celui de tous les chefs du monde de tous les temps. Mais, pour lui, la reconquête de cette étoile ne fut qu'une formalité. Car son ambition était mondiale, universelle.

CHAPITRE VII

Balthazar s'ennuyait ferme. Cela faisait des mois maintenant qu'il attendait une nouvelle lettre de l'inconnu. Cette étape était-elle la dernière de sa carrière ? Il était encore si jeune ! Il dépérissait. Il guettait tous les jours le courrier. Il commençait à se décourager et à craindre de ne plus jamais recevoir de missive quand une enveloppe grise arriva. Il se précipita pour la décacheter. Elle disait ceci :

> Je reconnais que ta connaissance est désormais planétaire. Mais tu n'atteindras le faîte de ton art que lorsque tu auras découvert la délicate alchimie entre la bouche et l'esprit.

Il était médusé. Que voulait dire cette lettre ? Le plaisir de la dégustation d'un mets délicat n'était-il pas suffisant ? Balthazar avait repoussé les limites de son art en faisant goûter à ses convives des saveurs encore inconnues de tous, il s'était même hasardé à faire des plats symboliques, il maîtrisait la matière, le style, les idées, la décoration ! Quel autre plaisir pouvait-il faire naître dans les esprits ? Balthazar réfléchit, travailla longuement et trouva.

Durant toute cette saison-là, Balthazar prit plaisir à créer de nouveaux plats dont le but était qu'ils restassent très fins tout en procurant à ses convives un plaisir d'un autre ordre, qui ne survenait que par la dégustation et après elle. Il se délectait à faire goûter à ses convives toutes sortes de mets dont il pouvait observer les effets secondaires : champignons hilarants, poudres mystérieuses préparées à l'ombre des arbres tropicaux, substances chimiques vendues en Europe de l'Est ou dans les quartiers opulents de New York... En quelques semaines, aucune substance psychotrope n'échappa à ses expériences. Les drogues chimiques surtout, moins chères que les expédients naturels, circulaient à manteau ouvert dans les cuisines du *Palais des Nuits.* Balthazar les appréciait parce qu'elles provoquaient chez ses sujets des humeurs prévisibles : certaines, notamment la chucky, déclenchaient des hallucinations effrayantes. D'autres suscitaient un regain d'énergie et d'enthousiasme. D'autres encore, par exemple la pincky mouse, entraînaient une perte de conscience qui rendait le sujet complètement passif pendant quelques heures. D'autres enfin réveillaient la nostalgie, ou des désirs physiologiques comme la sensation de faim ou de soif, ou encore le désir sexuel.

Ces pilules permettaient au chef d'être entièrement maître des humeurs au *Palais des Nuits.* Lepan avait tort, la cuisine pouvait faire vivre aux gens des émotions collectives.

Au *Palais des Nuits,* les convives, sous l'emprise de ces pilules, s'amusaient à des jeux de rôle. Les gens, debout au milieu d'un repas, se regroupaient par humeur : les gais, les tristes, les passifs, les agressifs, puis jouaient avec des dés géants à se rapprocher les uns des autres et composaient la Carte des Humeurs ; et le Salon d'Honneur se transformait souvent, en fin de repas, en une aire où se concentraient, sur une faible surface, un nombre impressionnant de sentiments très différents qui étaient poussés à leur paroxysme. Il était fréquent d'y voir un homme en pleurs entouré d'autres convives qui riaient aux éclats en se tenant les côtes, et qui formaient une ronde autour de lui en entonnant des comptines enfantines. Un phénomène d'accoutumance se développa chez les convives les plus assidus. Mais la drogue jouait dans cette accoutumance un rôle peut-être moindre que l'envie d'accompagner Balthazar dans cette épopée gustative de plus en plus téméraire, aux limites constamment repoussées. Les invités se pressaient aux portes du *Palais des Nuits* afin de participer, ne serait-ce qu'une soirée ou deux, à cette aventure historique.

CHAPITRE VIII

Il pleuvait sur Paris. Helga était avachie dans le grand canapé noir du salon. On entendait Diane interpréter *Il Diabolo*, au loin, au fond de l'appartement. On sentait ses petits doigts surdoués courir furieusement sur les touches, attraper les notes, les rejeter avec rage, faire fusion avec le piano pour former un couple trouble et violent et se laisser finalement emporter avec lui. Helga avait plaisir à l'entendre jouer.

Helga écoutait un disque d'Yves Montand, qui chantait d'une voix grave et pleine, avec un sourire qu'on devinait sur ses lèvres, les pommiers doux et les ritournelles. Cette chanson dégageait une sérénité d'un autre temps... Feuilletant distraitement les pages mode d'un magazine féminin, qui affichaient des femmes longues et fines, elle songea avec tristesse qu'elle avait pris beaucoup de poids depuis quelques années. Depuis que Balthazar et elle avaient monté le *Palais des Nuits.* Balthazar et elle ? Elle n'avait fait qu'être passive dans cette entreprise. Elle ne maîtrisait plus rien ou plus grand-chose. L'éducation de Diane, peut-être, son seul îlot de tranquillité et de vie. Car elle se sentait bien seule, et même abandonnée par Balthazar depuis cette création, dont les motivations profondes lui avaient totalement échappé. Helga n'avait jamais compris la décision de son mari de vendre *Arthus*. *Arthus* correspondait mieux à leur philosophie de vie. Au *Palais des Nuits* se développait progressivement une excitation collective qui ne lui plaisait pas. Où cette histoire allait-elle les mener ? Certes, le restaurant rapportait de l'argent, beaucoup d'argent même. Ils étaient riches, et Balthazar était entré vivant dans l'Histoire. Mais il était temps que cette histoire s'arrête. Oui, il était temps de le vendre, ce *Palais des Nuits*. Or, Balthazar ne voulait pas vendre. Il disait qu'il n'était pas encore allé au bout de sa créativité. Il avait profondément changé. Elle ne le reconnaissait plus. Ils se parlaient à peine désormais. Elle le sentait, depuis longtemps maintenant, sous influence. Peut-être avait-il une maîtresse ? Elle se posait sans cesse la question. Malgré ses investigations, elle ne trouvait rien. Ni cheveu, ni effluve de parfum, ni lettre. Elle savait que Balthazar avait reçu il y a longtemps déjà une ou deux lettres anonymes, dont il avait eu la délicatesse de ne pas lui parler, probablement pour ne pas lui causer de tracas. Ces lettres, elle en était sûre, étaient celles d'un fou et pas des lettres d'une amante. Helga avait aussi surveillé quelque temps l'agenda de son mari. Il ne semblait pas avoir de rendez-vous galant.

Ses yeux s'arrêtèrent sur une page du magazine. Une belle fille qui souriait. Elle, elle se sentait bien vilaine. Sans même la lire, son regard se voila et elle pleura. À chaudes larmes. En silence. Comme font les femmes délaissées qui restent dignes et s'abandonnent quand elles sont sûres d'être seules. Une mèche de ses cheveux se détacha de son chignon mal fait et retomba souplement sur son visage ruisselant. Elle pensait à elle. Elle gâchait sa vie avec lui, ici. Heureusement qu'il y avait Diane. Elle se souvenait avec nostalgie des premiers temps avec Balthazar, de l'oncle Robert, d'*Au Toqué d'à côté*. Le temps avait compliqué bien des choses.

Elle noyait son mal-être dans la graisse, comme d'autres le noient dans l'éthylisme. La nourriture lui procurait une consolation facile et immédiate. En se gavant de nourriture, elle protégeait son intérieur douloureux et le pansait, en quelque sorte. Elle mangeait chaque fois qu'elle se disputait avec Balthazar ou se sentait menacée.

Tout au long de la journée, elle se rendait dans les cuisines de l'appartement, ouvrait les portes des réfrigérateurs et avalait tout ce qui lui tombait sous la main : pain, beurre, fromage, chocolat et autres sucreries. Elle ne se sentait bien que lorsque sa bouche était pleine d'aliments qu'elle engloutissait sans les mâcher. C'était bon sur le moment. Mais ces fringales étaient suivies en général d'agitation et de culpabilité, qui la traumatisaient et la rendaient plus malheureuse encore. Quand, entre les repas, elle réussissait à limiter les quantités de ce qu'elle sortait des placards, elle ne pouvait tenir une heure sans revenir à la cuisine, ouvrir les mêmes placards et, debout, achever de manière gloutonne le paquet entamé. Elle pensait qu'en mangeant à la dérobée, quand personne ne la regardait, elle ne grossirait pas parce que cette nourriture-là ne comptait pas.

Balthazar lui avait dit que la nuit, elle semblait manger en dormant, et que l'on pouvait entendre ses dents grincer les unes contre les autres, faute de nourriture. Et c'était vrai. Mais ce sont ses fringales nocturnes, qui se traduisaient par l'ingestion compulsive de grandes quantités de nourriture, en un temps très court, qui étaient effrayantes. Le schéma était à chaque fois identique : elle se réveillait, pensant avoir une faim de loup. Elle essayait de lutter contre cette sensation qu'elle savait factice. Pourtant, elle en éprouvait tous les symptômes : borborygmes, épuisement, obsession d'ingérer. Mais elle se sentait de plus en plus affamée. Privée de sommeil, son esprit abdiquait et elle allait dans la cuisine chercher de la nourriture pour calmer cette faim rageuse.

Sa mèche de cheveux blonds avait balayé les larmes sur ses joues. La page mode du magazine était trempée. Le disque d'Yves Montand était terminé depuis longtemps déjà. Le diable s'était tu. Elle sentit une chaleur réconfortante à ses côtés. Elle tourna lentement ses yeux pleins de larmes et aperçut Diane dans l'embrasure de la porte du salon, immobile, qui la fixait.

CHAPITRE IX

Balthazar avait toujours pensé que la nourriture et le sexe étaient intimement liés et qu'il lui faudrait un jour travailler sur la nature de ce lien. Un matin, il reçut le message suivant :

> Je soumets à ta réflexion cette citation. Tourne et retourne-la dans ta tête, et tires-en une moelle précieuse : « Ceux qui s'entendent au commerce sexuel sont de bons cuisiniers qui savent mêler les cinq arômes en un brouet savoureux. Ceux qui connaissent l'art du Yin et du Yang peuvent mélanger les cinq plaisirs ; ceux qui ne connaissent pas cet art mourront d'une mort prématurée » (Yixinfang, compilation d'ouvrages médicaux chinois, xe siècle).

Balthazar pensait que le sexe a un goût différent pour les hommes et pour les femmes et probablement pour les enfants et même pour les animaux, et que certaines substances comestibles excitent le désir sexuel ou facilitent l'acte sexuel lui-même. Il se souvenait très bien par exemple du goût de la peau d'Helga, qui était jadis fraîche comme un sorbet parfumé à un fruit inconnu. Le sexe d'Helga aussi avait un goût différent selon les moments de la journée, selon les saisons, selon les périodes de sa vie, selon les produits d'hygiène qu'elle utilisait. Cela, Balthazar le savait depuis longtemps. Cependant, l'effet du sexe sur la gastronomie et l'effet de la gastronomie sur le sexe le laissaient pantois.

Dans son restaurant, il y avait du pouvoir et de l'argent, beaucoup d'argent. On y dépensait sans compter. Balthazar, ayant voulu bannir ce dernier repère, faisait adresser à ses convives l'addition du repas, le lendemain par porteur. Les gens ne venaient au *Palais des Nuits* que pour y rire, goûter des mets succulents, éventuellement jouir et rêver.

Au *Palais des Nuits*, le sexe était bien plus présent que dans les autres restaurants : Balthazar utilisait régulièrement dans la confection de ses plats des drogues dures, qui provoquaient, d'après ce que lui en rapportaient ses convives, des rêves orgiaques d'une grande violence. Mais ces comportements ne trouvaient pas leur origine dans la nourriture. Bien sûr, il connaissait les effets du gingembre, de la muscade et autres substances aphrodisiaques. Mais, pour les avoir testées, il reconnaissait que leurs effets étaient limités.

Balthazar sentait confusément que d'un travail sur le sexe et la gastronomie pouvait surgir un raz de marée de créativité gastronomique. Un marché, immense, s'offrait à lui, une niche, un antre énorme, caché comme le fourreau d'une femme dans l'étau de ses cuisses, qui allait faire de son restaurant une caverne d'Ali Baba. La recherche, en Europe, en était sur ce point au stade des balbutiements.

Cette fois, Balthazar s'enferma dans la Bibliothèque des Goûts durant plusieurs mois. À lire des manuels asiatiques et souvent fort anciens sur l'érotisme, le tantrisme et les mets aphrodisiaques. Il lisait et méditait. Absorbé, il sortait à peine de son laboratoire. En famille, il devenait distrait et silencieux. On le vit faire d'étranges commandes à d'obscurs fournisseurs africains et asiatiques. Cornes de rhinocéros, musc et ambre gris, concombre de mer, pénis de tigre séché, rognons de porc, ginseng, noix d'arec, bouses d'éléphant, yeux de lézard, nids d'hirondelle, cervelle de singe trépané, testicules de panda, de bélier et de bouc, chanvre d'Inde, bile de carpe, graines de pavot, bois de cerf et de daim, fleur d'ylang-ylang, mais aussi des substances réputées terriblement dangereuses pour l'homme : aconit, datura, opium, placenta humain, rognures d'ongles, fientes d'oiseaux, œufs de tortue, sauriens ou scarabées réduits en poudre, vessies de carpe, bosses de chameau, venin et cervelles de crapaud, sang, sperme ou urine des animaux les plus divers. En quelques mois, aucun des principes actifs qui excitent le cerveau et provoquent un trouble psycho-érotique n'avait plus de secret pour lui. Passé maître en aromathérapie, il entreprit de concocter des recettes ensorcelantes.

Le succès fut immédiat. Les mets aphrodisiaques se succédaient sans interruption dans un vacarme assourdissant de vaisselle fine, de divertissements collectifs et d'altercations joyeuses. Le restaurant, sombre, rouge, aveugle, vivant et bruyant, ressemblait à l'intérieur d'un gigantesque estomac plein de nourriture. Les draperies sur les divans, brillantes, jouaient avec la lumière et épousaient en les sculptant les formes que les corps leur imprimaient. D'un rouge sombre, virant dans l'ombre sur le noir, elles formaient des cœurs de roses de sang et renfermaient mille passions d'alcôve. Les formes fusionnaient dans tous les sens, de tous les côtés. Les verres s'entrechoquaient, les langues se déliaient et claquaient contre les palais déchaînés, les regards se croisaient, les rires fusaient et les mains se surprenaient peu à peu à caresser chiens et seins qui s'exposaient aux regards. Il régnait une grande confusion dans les chairs, le goût et le toucher et dans les sentiments des uns et des autres. L'appétence, dont on ne pouvait savoir si elle était gustative ou sexuelle, se propageait délicieusement dans les corps et les esprits. On confondait les jambes avec les bras, les ventres avec les dos, les seins avec les fesses, les cheveux avec la pilosité cachée, les bouches avec les sexes, le sperme, la salive et les larmes. Il devenait difficile de distinguer l'expérience des sens de la grossièreté, et le goût, du sexe.

*

Six mois s'écoulèrent ainsi avant que Balthazar reçût une nouvelle lettre :

> La ligne Maginot marqua les limites de la suffisance d'un peuple. Franchis-la.

Pourquoi cette référence à la ligne Maginot ? Quelle était la nature des limites dont l'inconnu parlait ? Il ne comprenait plus. Il était dépassé. Il passa, en vain, plusieurs jours dans sa bibliothèque. Il y lut de nombreux ouvrages sur la notion de limite et sur ce qui fait la mesure de l'humain. Il ne trouva rien qui pût lui donner des idées. Épuisé par ces vaines recherches, pour la première fois depuis des années, il sortit de sa bibliothèque bredouille. À court d'idées. Il pensait que l'inconnu des lettres était peut-être, lui aussi, à court d'idées. Finalement, dans cette lettre, il le poussait à se dépasser, mais sans lui donner aucune indication, aucune suggestion. Balthazar songeait que son aventure gustative et gastronomique tirait à sa fin.

Vide et circonspect, Balthazar, cette fois-là, entreprit de ne rien faire. Il ne parlait pratiquement plus. Il passait son temps à observer le comportement de ses convives et ne voyait que plaisirs et contentement. Cela le laissa rêveur. Il voulait aller plus loin. Oui, mais comment ? Tous ses efforts lui semblaient superfétatoires, et tout progrès qu'il pourrait faire dans le futur serait désormais marginal. Il détestait cette idée. Il pensait qu'il lui faudrait trouver une autre passion que la gastronomie, pour continuer à aimer la vie. Il était jeune encore.

Un soir qu'il se tenait dans la galerie d'entrée à serrer quelques mains, et alors que son regard suivait distraitement un serveur rallumant une torchère qui s'était accidentellement éteinte au fond du Salon d'Honneur, il vit le serviteur apportant le plat infâme aux dieux attablés. Mais oui ! Bien sûr ! Il avait tout goûté sauf le corps humain et ce qu'il sécrète ! Balthazar réfléchit. En son for intérieur, il se posa la question de savoir combien de chefs en France avaient déjà été effleurés par cette idée de cuisiner de la viande intelligente ! Probablement aucun. Il était bien sûr impossible de goûter la chair humaine. Mais les sécrétions du corps ? Sueur, urine, sperme ou excréments ? Balthazar n'avait, jusqu'à ce jour, jamais songé à connaître leur goût. Ou plutôt si, il en avait eu le fantasme étant enfant mais, comme beaucoup d'enfants, n'avait jamais mis son projet à exécution. Sa mémoire fourmillait surtout de réminiscences olfactives : l'odeur des aisselles de Mommy quand il montait sur ses genoux pour se faire cajoler, ou encore celle de ses propres excréments. Mais rien de plus.

Un champ nouveau s'offrait à lui. Balthazar serra encore distraitement quelques mains et rejoignit la bibliothèque.

CHAPITRE X

Cet automne-là marqua bien des papilles. Balthazar créa le plat qui frappa de son sceau la mémoire collective gustative : la soupe au lait. Un dessert lacté, blanc crème. Une sorte de soupe, ronde en bouche, épaisse et ultra-douce au palais. La couche-culotte des papilles, qui donnait systématiquement à celui qui la goûtait l'envie d'abandonner sa cuiller, de tenir l'assiette calotte à deux mains et de prendre de grandes lampées de ce dessert. Et ce goût, inoubliable. On sentait la forte présence d'un lait, mais un lait au goût spécial. Puis venaient au palais la crème, le sucre et vraisemblablement de l'amande douce.

Ce que les gens ne savaient pas, c'est que ce doux sentiment de régression trouvait sa source dans la matière première du plat : le lait était maternel. Humain. Dans un premier temps, Balthazar avait utilisé les sécrétions de son propre corps pour ses travaux préparatoires dans la Bibliothèque des Goûts. Mais il fallait reconnaître que ces matières dégageaient une odeur très incommodante et avaient une saveur qui n'était pas bien bonne. Tout au plus pourrait-il utiliser ces sécrétions pour ajuster le goût d'un plat. Encore faudrait-il en user avec parcimonie. Balthazar, après les avoir testées et consignées dans sa Bibliothèque des Goûts, se détourna bientôt de ces nouvelles matières. C'est alors qu'il pensa au lait. Cette idée lui vint un jour, pendant qu'il lisait un journal local d'annonces gratuites : une publicité pour un organisme parapublic proposait divers services gratuits aux femmes enceintes dans le besoin. Il hésita, trouva l'idée à la fois belle et effrayante et décida de la mettre de côté.

Et puis, Helga était tombée enceinte d'un deuxième enfant, un garçon. Au cours des deux dernières années, et surtout pendant cette seconde grossesse, elle était devenue obèse au point d'être difforme et pratiquement méconnaissable : ses traits se perdaient dans l'ampleur de ses joues et de ses multiples mentons. Empêtrée dans sa graisse, elle ne marchait pratiquement plus. Son large bassin, duquel sortait un ventre énorme et déformé, reposait sur de courtes et lourdes jambes, toujours blanches. Ses pieds s'étaient élargis pour porter l'énorme masse. Ils restaient froids, même au plus chaud de l'été, comme concentrés sur la tâche qui leur était impartie de porter le gros paquet de chair. Ses cuisses étaient lardées d'une épaisse bande de graisse qui leur donnait un aspect granuleux. Ses mollets étaient zébrés de longues rigoles violacées qui se rejoignaient en certains endroits. Ses jambes auraient aisément pu être comparées à une vraie carte géographique, en relief. Quant à ses seins, ils étaient hypertrophiés, comme pour compenser le manque d'attention que leur portaient la femme et son mari, et pendaient, comme d'immenses poires trop mûres, dégueulant du soutien-gorge qui voulait les compresser et les sangler. Ses épaules étaient marquées au rouge et en profondeur par les traces de ses soutiens-gorge et trahissaient la torture que s'infligeait à elle-même la pauvre femme dépassée par les événements. La peau de ses bras autrefois potelés était aujourd'hui distendue et semblait rebondir dans les airs à chacun de ses mouvements. Le haut de son torse, épuisé de porter une poitrine aussi pesante, était cerné d'une multitude de rigoles parallèles. Son visage bouffi, dont les expressions avaient été mangées par la graisse et les vicissitudes de la vie, était toujours chaud et légèrement humide. Ses joues étaient rougies et lézardées par de petits vaisseaux éclatés que ne parvenait pas à cacher le masque de crème teintée qui les couvrait. Seuls ses yeux gardaient leur expression d'antan, et leur vivacité contrastait violemment avec la tristesse qui se dégageait du corps abandonné.

La main de Balthazar ne se hasardait plus depuis longtemps déjà sur ce corps laissé en jachère. Il continuait à honorer sa femme, mais rapidement et sans y songer réellement, comme l'on fait ses besoins.

Un jour qu'ils avaient fait l'amour quelques semaines après qu'elle eut enfanté, il s'approcha d'elle. Ils étaient allongés dans le lit. Il posa sa tête sur son gros ventre. Elle lui caressa les cheveux, comme font les mères attentives.

Aussitôt, l'idée s'empara de son esprit, de manière obsédante et troublante. Il voyait le plat !

Ce jour-là, elle semblait détendue et confiante. Feignant la douce torpeur suivant les ébats, il rapprocha subrepticement et doucement sa tête du sein droit d'Helga et resta de longues minutes blotti contre elle. Il n'osait la regarder. Il embrassa la périphérie du sein de très nombreuses fois puis le mamelon. Il prolongea l'un de ses baisers, et resta suspendu quelques secondes, ses lèvres entourant mollement le petit mont de chair. Sa langue jouait maintenant avec le sommet pointu, dévalait la pente, la remontait, puis s'enroulait à nouveau. Tout à coup, elle se raidit sur le sommet du dôme. Il fallait en finir, il fallait savoir. Alors, il téta. Quelques secondes. Le breuvage convoité s'abandonna dans sa bouche et l'emplit peu à peu. Il se retira, se redressa et, assis, analysa. C'était tiède. Ce qui permettait à l'esprit de se concentrer immédiatement sur le goût. Le goût du lait d'Helga ne ressemblait pas à celui du lait de vache. Certes, la base était la même, à l'exception peut-être de cette légère acidité que l'on trouve en troisième niveau gustatif dans la plupart des laits de vache. Pourtant l'ensemble exhalait un je-ne-sais-quoi de troublant. Il fallait offrir cette dégustation aux invités !

Pouvait-on aller jusque-là ? Balthazar se mit à rêver à tous les tableaux qu'il connaissait représentant une mère allaitant ses petits. Allaiter, pensait-il, finalement, c'est un acte altruiste et fortifiant. C'est se départir d'une partie de soi, se partager un peu pour permettre à l'autre de vivre. Balthazar tourna son regard vers sa femme qui le regardait fixement, le visage triste. Il baissa les yeux et posa son regard sur le sein droit. Une goutte de lait avait perlé du mamelon et s'était figée sur celui-ci, comme pétrifiée. Il éprouva une légère nausée, due soit au lait, bu à une heure tardive, soit à un remords diffus. Il regardait toujours Helga. Ses yeux hurlaient d'horreur dans le silence de la chambre. Ils s'endormirent dos à dos. Quelques jours après, Helga fit tomber le nourrisson au sortir de son bain. Le bébé mourut.

*

Le lendemain de cette expérience gustative, Balthazar rechercha fébrilement la petite annonce dans le journal local. Il se rendit au centre parapublic et feignit d'attendre quelqu'un. Des femmes enceintes, souvent jeunes, arrivaient de plus en plus nombreuses, quelquefois par deux. Il s'approcha de l'une d'elles, qui paraissait plus esseulée que les autres.

Elle était célibataire. Elle ne voulait pas de cet enfant, mais il était trop tard pour avorter. Elle avait besoin d'argent, sinon elle n'y arriverait jamais. La vie, quoi. Il l'emmena prendre un café en face. Après avoir parlé de tout et de rien pendant plus d'une heure, il lui offrit le marché. Elle se rétracta. Pourquoi lui acheter son lait ? Qu'allait-il en faire ? Ce lait, il lui appartenait, à elle et à son enfant à naître ! Comment allait-elle le nourrir ? Elle était angoissée à l'idée de vendre son lait à un inconnu et inquiète à l'idée de devoir surveiller son alimentation pour éviter de donner trop de goût à son lait. Le récit et la description de la vie de dizaines de milliers de nourrices en France au cours de notre histoire ainsi qu'un chèque d'acompte portant sur une confortable somme d'argent achevèrent de lui ôter ses soupçons et sa mauvaise conscience. Ainsi put naître le fameux dessert.

Balthazar passa des dizaines de fois chez la fille. Il était convenu qu'il devait rester habillé et n'avoir aucun rapport sexuel avec elle. Il commençait par aller se désinfecter la bouche avec une solution puissante mais dont le goût et le pH étaient le plus neutres possible. Elle s'asseyait sur une chaise et écartait les jambes. Il s'agenouillait entre ses jambes. Elle déboutonnait son corsage ou retirait son tee-shirt et dégrafait son soutien-gorge. Il prenait alors le sein à pleines mains et trayait la fille avec sa bouche. Il aspirait le lait nourricier, en emplissait consciencieusement sa bouche, et recrachait le tout, en prenant garde de ne pas saliver, dans un récipient métallique prévu à cet effet. Quand il avait fini, il repartait sans mot dire, avec sa gourde. Les mois passaient, l'enfant grandissait, la mère ne donna un jour plus de lait. Il en changea : la soupe au lait connaissait un succès fou.

La deuxième fille que Balthazar embaucha était plus jolie que la première et avait de gros seins. Elle s'appelait

Mélanie. Elle donna un lait encore plus goûteux que la première, moins acide aussi. Plus doux, un must. Balthazar pensa qu'un jour, peut-être, on millésimerait le lait maternel. Il venait la voir presque tous les jours. Il prenait la même pose qu'avec la première. Mais, alors qu'avec la première fille il agissait professionnellement, sans penser un instant à la connotation un tantinet sexuelle de son acte et au fait que cette source de lait était un être de chair, avec celle-ci, il dérapa : c'était à cause de ses yeux. Un jour, Balthazar, en tétant Mélanie, leva les yeux et croisa les siens, qu'elle avait fort beaux. Troublé, il continua cependant la succion. Il éprouva à ce moment-là à la fois la sensualité et l'incongruité de son acte. Il palpa imperceptiblement le gros sein qu'il tenait entre ses mains et téta goulûment. C'est alors que le désir le prit brutalement. Son corps entier fut envahi d'une onde de chaleur. Son sexe enfla et se raidit dans son pantalon, au point de lui faire mal. Il sentit la goutte de sperme sécrétée par son membre brûlant et dut immédiatement arrêter la succion. Il redressa le buste. Cela devenait insoutenable. Il posa une main entre les cuisses de la femme et laissa échapper deux de ses doigts serrés entre la chair et la culotte. Il prolongea quelques instants ces délicieuses investigations. Puis il se leva, elle aussi. Elle le regardait d'un air amusé. Femme-objet depuis plusieurs semaines, passive esclave nourricière, elle reprenait sa dimension. Elle approcha sa main et la remonta doucement entre les cuisses de Balthazar. C'en était trop. Il la prit par la main, l'entraîna sur le canapé en cuir noir, la déshabilla fébrilement, se déshabilla aussi et enfonça son membre dans le sexe chaud et humide de la fille qui l'engloutit aussitôt. Jamais il n'éprouva plaisir plus grand.

Quand il partit, il entendit les cris du bébé qui pleurait dans sa chambre. Peut-être avait-il faim... C'était l'heure du biberon.

CHAPITRE XI

Les dîners s'enchaînaient au *Palais des Nuits.* Balthazar s'enfermait de plus en plus fréquemment dans sa bibliothèque dont il ne sortait, le visage affable et souriant, que pour serrer, de-ci de-là, quelques mains de célébrités. Ce n'était qu'un flot de louanges, et, immanquablement, venaient les questions sur les plats qu'il était en train de concocter et qu'il allait leur servir au cours de la saison prochaine. Balthazar entretenait à merveille le mystère autour de lui. Jamais personne, mis à part les responsables de son équipe, n'avait pu visiter sa bibliothèque. Les tentatives de corruption et de pots-de-vin de la part de ses clients et de ses concurrents pour visiter cette caverne d'Ali Baba étaient toutes restées infructueuses.

Un soir, il organisa au *Palais des Nuits* un de ces dîners de têtes, très courus à l'époque, autour du thème « Signifiez ! ». Il était vingt heures. Certains convives arrivaient aux grilles du restaurant en voiture, d'autres à pied, d'autres encore en bateaux à moteur qui s'arrimaient aux anneaux de la berge. La Seine semblait encore plus noire que les autres nuits et donnait l'impression de souhaiter prendre dans ses bras ces passagers nocturnes. L'île de la Cité était ce soir-là seule et fragile dans cette obscurité envahissante. Les invités, méconnaissables sous leurs masques, et vêtus de capes sombres, se pressaient à l'entrée. Ils parlaient fort, s'embrassaient, essayaient de se reconnaître, leurs rires fusaient quand ils se trompaient et soulevaient le masque d'un inconnu. Les groupes se formaient par fusions de petits atomes solitaires ou de grappes, qui s'agrégeaient à leur tour pour former enfin une longue queue au ouistiti de la porte du *Palais des Nuits.* Enfin, vers vingt heures trente, le restaurant ouvrit ses lourdes portes. Les convives se débarrassèrent au vestiaire de leur cape et de leurs chausses et furent conduits, pieds nus, au seuil de la galerie d'entrée. Le dîner devant se faire à la seule lumière des bougies, la galerie d'entrée n'était éclairée que par le gigantesque feu qui flambait dans la cheminée et par les candélabres, aux formes psychédéliques, qui avaient été posés sur les consoles. Ces sources de feu jetaient, pêle-mêle, des flashes de lumière inconstante sur les murs et semblaient raviver les serpents enlacés sous les pieds des invités. Les masques des hôtes étaient multicolores. Beaucoup de femmes les avaient sertis de plumes, plumes de paon, plumes de faisan, d'autres encore avaient osé la fourrure de félin en ces premiers jours de frimas. D'autres enfin les avaient fait peindre ou décorer de pierres, parfois vraies. La plupart des masques rendaient totalement méconnaissable leur propriétaire. Le Salon d'Honneur était également éclairé à la torche et à la bougie. L'ensemble était sombre et chaud, créant une atmosphère excitante et vaguement inquiétante. Une vraie réussite, que les convives apprécièrent dans un murmure collectif d'admiration.

Beaucoup de gens étaient déjà là, allongés ou debout. L'ambiance était à son comble. Les épaules des femmes s'étaient, du fait de la forte chaleur, dénudées. Les robes étaient vaporeuses, le ton des conversations excessivement gai, les rires fusaient, aussi rouges et impromptus que les pétarades incandescentes du feu de cheminée. Certains convives s'amusaient dans un coin, une fourchette à la main, à essayer d'embrocher vif un poisson rouge effarouché qui tournait sur lui-même, paniqué, dans un petit aquarium rond. D'autres, à peine arrivés, fumaient déjà le cigare. Ils savaient que Balthazar maudissait le plaisir du tabac s'il n'était précédé par celui de la bouche. Mais le chef, ce soir-là, feignait de ne pas voir le méfait.

Car Balthazar avait choisi pour ce dîner d'offrir un plaisir à la fois gustatif et psycho-érotique. Il avait fait préparer par ses cuisiniers une mise en bouche qui consistait en un consommé d'œufs de tortue avec lequel il avait demandé à Julien de lier quelques grammes de poudre d'aconit. Cinq services étaient prévus : en entrée, une salade de concombre de mer et une omelette aux bois de cerf ; puis des rognons accompagnés d'une sauce fine au vin et au gingembre et un bar à la fleur d'ylang-ylang, qu'il avait fait rapporter de Chine. Enfin, au dessert, il allait servir un sorbet au champagne, dont il était très fier car il avait réussi, Dieu sait par quel moyen, à en conserver le caractère pétillant.

Pendant cette soirée, on vit un groupe de femmes de toutes races déambuler avec grâce dans des déguisements puniques. Certaines avaient attaché à un anneau, au creux de leur nombril, une pierre précieuse, topaze, rubis, citrine ou diamant. Elles s'essayaient en riant à quelques pas de danse turque. D'autres encore s'étaient déguisées en nations opprimées : l'Algérie, la Russie et la Chine furent représentées de merveilleuse façon. Mme Armann, l'épouse de l'homme le plus riche du monde, parut au bras de son mari dans une robe constellée d'or, un boa véritable enroulé autour de sa taille.

Split, la vedette en vogue du cinéma américain, signifia son dédain en arrivant nu. Enfin, on dîna.

Peut-être était-ce l'effet des plats, peut-être était-ce tout simplement le fait que les gens étaient masqués, les barrières des convenances tombèrent plus vite que d'habitude. Les femmes s'alanguissaient sur les divans dans leurs longues robes décolletées, renversaient légèrement la tête quand elles éclataient de rire ou pour happer la dernière goutte de champagne de leur flûte, et se sentaient envahies d'une agréable chaleur propice aux confidences et abandons de toutes sortes. Les hommes aimaient les voir se laisser aller ainsi, buvaient encore plus que de coutume et rêvaient de découvrir enfin le visage caché de ces belles inconnues. Ils allaient de divan en divan, se saluaient les uns les autres puis revenaient s'étendre sur les coussins, comme des pachas pleins de fantasmes et de béatitude. Le dessert avait rencontré un franc succès. L'abus d'alcool dans le sang en avait épuisé quelques-uns, qui s'étaient endormis sous la voûte étoilée du *Palais des Nuits.* La fumée artificielle, rejointe par celle du tabac, stagnait et créait de délicieuses volutes au-dessus des têtes endormies. Certains dansaient. D'autres s'amusaient à lever, enfin, le masque de femmes consentantes. Les conversations dérapaient, les bouches se rapprochaient, les rires légers se multipliaient, les gorges se dévoilaient progressivement et le dîner finit en une récréation générale. Hommes et femmes, hébétés, se turent peu à peu et s'endormirent mollement sur les coussins de soie.

Vers cinq heures du matin, enfin, les derniers convives partirent, laissant derrière eux voûte, divans, fumée et restes. Il ne restait qu'une personne, au fond du Salon d'Honneur, allongée. Balthazar s'approcha du corps. La ficelle du masque du convive avait été arrachée et pendait le long de son cou endormi. Sans doute une farce. Ou peut-être l'homme avait-il eu un malaise et avait-il essayé de retirer celui-ci ? Balthazar s'approcha encore, souleva le masque qui était resté collé au front en sueur du convive, et comprit. Il prit le pouls. L'homme était mort. Feignant un mécontentement lié à l'heure tardive, il congédia tout son personnel, en leur demandant de revenir vers onze heures le matin. Il s'approcha à nouveau du corps. Il gisait, là, à deux pas. Balthazar était paniqué. Que faire ? Il connaissait l'homme, un sexagénaire qui venait de divorcer et de prendre sa retraite. Un de ces types comme il en existe tant à Paris, issu d'une bonne famille, qui avait reçu une éducation catholique chez les jésuites puis fait une grande école, intégré l'un des grands corps de l'État, épousé une brave catholique rassurante, qui lui avait donné quelques enfants, pour se rendre compte, finalement, que tous ces efforts n'avaient servi à rien. Non, il n'était pas devenu riche, mais simplement à l'aise ; car ce n'est plus de cette façon, en gravissant un à un les échelons, même supérieurs, que l'on gagne de l'argent de nos jours. Non, il n'aimait pas sa femme. Non, il ne croyait plus en Dieu. Oui, il était suffisamment intelligent pour constater qu'il avait gâché sa vie et qu'il était possible de faire quelque chose pendant les trente ans qui lui restaient à vivre. Cette catégorie de personnes se scindait en deux : il y avait ceux qui ne franchissaient le pas, se laissant vite aller à vieillir et à grossir pour se persuader que de toutes les façons, il était trop tard pour changer de vie, et puis il y avait les autres. Ceux qui se décidaient. Ceux-là pouvaient bouleverser leur vie en quelques mois : ils prenaient une maîtresse, quittaient leur femme, changeaient de travail et dépensaient leur argent de manière boulimique. L'homme qui reposait près de Balthazar était de ceux-là.

Balthazar réfléchit. Que faire ? Appeler ses proches ? Il n'en avait plus. Appeler la police ou le Samu ?

Il songea que Julien devait avoir forcé sur la poudre d'aconit dans la mise en bouche. L'aconit, utilisé à haute dose, est une substance mortelle. Il suffit d'en consommer quelques grammes, paraît-il. Il n'y connaissait rien en toxicologie, mais se doutait que s'il confiait le corps à la police, une autopsie serait effectuée, on découvrirait l'aconit dans le sang de cet homme, la police ou la Brigade de répression des fraudes alimentaires ferait une perquisition dans son restaurant, et une perquisition était ce qu'il pouvait redouter de pire. Il se souvint que l'homme était masqué : personne ne devait l'avoir reconnu, et puis il avait paru un peu esseulé pendant la soirée. Chacune des possibilités qui s'offraient à lui étant aussi risquée, il fallait trancher. Il décida de ne pas appeler la police.

Il se dit qu'il fallait au moins connaître l'identité exacte de cet homme, afin de supprimer son nom de la liste des clients de ce soir. Il chercha les papiers de l'homme dans les poches de sa veste. Il les trouva, se rendit dans la galerie d'entrée, les jeta dans le feu de la cheminée et attendit que celui-ci eût achevé de les consumer. Il courut au vestiaire, raya son nom de la liste des invités, remit dans la boîte prévue à cet effet le jeton en plastique que l'homme avait conservé et qui portait son numéro de vestiaire, prit sa cape, la jeta dans le feu, attendit une longue heure qu'elle brûlât elle aussi, puis s'occupa du corps. Il alla chercher dans les cuisines une housse que le livreur du boucher avait oubliée quelques semaines auparavant, et qui servait généralement à transporter les porcs, lorsqu'il les commandait entiers. Il revint dans le Salon d'Honneur, s'approcha du divan, fit rouler le corps à terre, passa la tête dans le sac, puis les bras, qu'il eut quelque peine à faire entrer, et enfin le tronc et les jambes. Il ficela le tout et le traîna péniblement le long du Salon d'Honneur, jusqu'aux marches qui menaient aux cuisines. Il fit glisser le corps le plus doucement qu'il put. Mais il fut entraîné par le poids de celui-ci. À un moment, son sang se figea : il pensait avoir heurté la tête du mort sur la dernière marche, ce qui rendit un bruit sourd. Il s'arrêta quelques instants, reprit la ficelle de la tête du sac et continua à faire glisser celui-ci à travers les cuisines qui lui parurent immenses. Arrivé au fond de la dernière cuisine, il reposa le sac, prit au fond de sa poche la clé de la salle de stockage de la boucherie, reprit avec peine le sac, le traîna le long d'un corridor étroit, ouvrit la porte de la salle de stockage et réussit, après plusieurs essais infructueux, à pendre le sac, au fond de la pièce, au crochet numéro 33, à côté de celui du porc que l'on allait servir dans quatre jours. Il referma la porte, reprit le chemin de la cuisine, sortit du *Palais des Nuits* en s'assurant de ne pas être vu et, éreinté, rentra chez lui se coucher.

*

Le lendemain, Balthazar s'enferma simplement dans sa bibliothèque, afin, prétendit-il, de travailler sur de nouvelles saveurs. En fait, il attendait la police. Balthazar mentait mal. Il ne saurait quoi dire, se contredirait dans ses dénégations et se retrouverait en fâcheuse posture. Oui, c'était un accident. Non, il ne s'agissait pas d'un meurtre par empoisonnement. Non, il ne savait pas que l'usage de certaines substances était interdit en France.

Ces simulations d'interrogatoire ne servirent à rien. Ni la police, ni personne d'autre d'ailleurs, ne vint ce jour-là. Pas un appel, rien. Le lendemain non plus. Ni le troisième jour.

Il commençait à se calmer. En revanche, la date à laquelle ses cuisiniers allaient détailler le porc approchait. Il fallait à tout prix se débarrasser du corps. On était un dimanche, jour de fermeture du restaurant. Plusieurs possibilités s'offraient à Balthazar. Soit transporter le corps dans sa voiture pour l'abandonner, loin, en banlieue par exemple. Soit jeter le cadavre dans la Seine. Mais dans les deux cas, on retrouverait le corps, ce n'était qu'une question de jours ou même d'heures. Une enquête serait lancée et la police ne tarderait pas à poser des questions au *Palais des Nuits*.

Peut-être l'un des convives connaissait-il la victime et l'avait-il reconnue, malgré son masque ? Le masque avait pu être arraché par un autre convive ! Peut-être avait-il parlé avec des gens et dévoilé son identité ce soir-là ? Peut-être avait-il vaniteusement dit à quelque personne de son entourage qu'il se rendait au *Palais des Nuits*, à une soirée privée ? Il existait trop de risques que l'accident mortel fût révélé si l'on découvrait le corps. Il fallait le faire disparaître. Complètement. Pour qu'il n'en restât rien. Il alla dans la salle de stockage, décrocha le sac et entreprit sur le billot l'exercice de boucherie le plus pénible de toute sa carrière. Le dépeçage accompli, il enfouit les pièces les plus informes dans un sac qu'il pendit au même crochet que celui du porc et plaça les restes dans le congélateur de sa bibliothèque.

Durant les quelques jours où l'on servit du porc, Balthazar refusa d'aller dans les cuisines : la simple vue du marmiton accommodant la sauce de la viande l'aurait rendu malade. Il resta donc cloîtré dans sa bibliothèque. Trois jours plus tard, il se rendit à nouveau dans la salle de stockage et constata que la moitié des morceaux de chair humaine avaient été mangés par ses convives. Pas une plainte, pas une question n'avait été émise cette semaine-là par un seul client, pas une remarque n'avait été faite par un marmiton ou par l'un de ses collaborateurs. Personne ne s'était rendu compte de rien. Cette chose était-elle si proche du porc, si fade ? Quel vin avait conseillé Côme, le sommelier ? Avec quels légumes cela avait-il été servi ? Et d'ailleurs, simplement de manière tout à fait théorique, juste comme ça, avec quoi pouvait-on servir cette viande pas comme les autres, cette viande, chair de notre chair, dont nous nous sommes nourris pendant des centaines de milliers d'années sans culpabiliser et qui est devenue, par la seule puissance de l'esprit, un interdit ? Balthazar, lui, commençait à s'y accommoder. Peut-être était-ce son ignorance, peut-être était-ce son manque d'éducation, religieuse et morale, qui avait empêché les sillons de notre culture de pénétrer son esprit.

Balthazar, chef d'entre les chefs avant tout, se prit à réfléchir à des idées d'accompagnement de cette viande. De mémoire d'historien, culinaire ou pas, personne n'avait songé, parce que cette viande est interdite, à des accompagnements possibles. Que mangeaient nos ancêtres ? Quelle était la cuisson appropriée ? Balthazar passait en revue tous les modes de cuisson et toutes les variétés de légumes, cucurbitacées, pois, etc. Il faudrait probablement un légume assez goûteux mais pas trop pour ne pas casser l'arôme de cette viande qui, paraît-il, était un peu fade. Une note sucrée conviendrait parfaitement. Il fallait aussi un légume assez coloré, orange ou vert. Son choix, à première vue, porterait sur le potiron ou les petits pois. Plutôt les petits pois, dont la rotondité était amusante et romprait avec la gravité de l'acte. Et le vin ? Un vin de Beaune, oui. Cela conviendrait parfaitement avec cette viande pas forte en goût. Et plus précisément ? Un clos-des-mouches d'une bonne année, soit 1959, soit 1990. Ou carrément un bordeaux, saint-julien, ou léoville-pascal.

Quelle expérience ! Confectionner un plat qu'il ne mangerait jamais, sans connaître le goût de la matière première, simplement sur la base d'une intuition !

Balthazar passa à la sauce. C'est là que l'exercice devenait difficile. L'idée de faire un fond de sauce avec cette viande l'indisposait. D'un autre côté, si l'on n'utilisait pas le jus de cette viande pour la confection de la sauce, le plat manquerait de liant. La conservation du jus de cuisson s'imposa naturellement. Il fallait simplement le relever avec certaines épices, quelques herbes et un peu de beurre.

Il décida sur-le-champ de concrétiser cette réflexion et de créer cette composition. Cela lui permettrait de se débarrasser dans les plus brefs délais de cette viande très encombrante, et puis ce plat, qu'il ne goûterait jamais, même en cuisine, allait parachever son parcours gustatif. Offrir un plat pour un ou deux soirs, que personne n'avait jamais mangé, que le chef n'aurait jamais goûté et qui serait le pur fruit de son imagination, et que personne ne mangerait plus jamais. Il sortit de la bibliothèque, s'installa, un peu excité, dans son bureau, et appela Côme : « Côme, est-ce qu'il nous reste du clos-des-mouches 1959 et 1990 ? »

Côme consulta son livre de cave. « Oui, chef, répondit-il enfin, huit bouteilles de 1959 et vingt-trois de 1990.

— Eh bien, préparez-les toutes, car elles vont être bues dans le courant de la semaine, je pense.

— Avec quoi dois-je les conseiller ? s'enquit Côme.

— Avec un nouveau plat.

— Puis-je vous demander de quelle viande il s'agit ? demanda le sommelier.

— De la viande... blanche. » Il ajouta précipitamment : « Enfin vous savez, cette nouvelle sorte de porc, que nous avons servie cette semaine. Ce porc-là est exotique et a un goût très particulier, d'après ce que m'a dit l'éleveur. Une race supérieure, argentine, bien nourrie, une sorte de porc bio, quoi.

— Effectivement, répondit Côme après quelques secondes de réflexion. Si ce porc-là est un peu plus fort que le porc qui nous est habituellement livré, un clos-des-mouches 1959 ou 1990 devrait très bien convenir, chef. »

Balthazar congédia le sommelier et alla aux cuisines s'entretenir avec le maître saucier. « On va servir encore quelques beaux morceaux de porc cette semaine. Fais-moi une sauce, une vraie. Je veux qu'elle soit parfumée, légère en consistance mais un peu grasse quand même. En fond je veux du thym, mais en infime quantité. Ce n'est pas fin, le thym. Mais je veux que son parfum soit le dernier à rester en bouche. En troisième palier gustatif, tu me trouves une note parfumée et légèrement sucrée. En deuxième palier, je veux une toute petite acidité pour réveiller l'impression de fadeur du plat. Et en premier, du gras, du bon beurre éclairci lié avec le jus de cuisson. Compris ?

— Oui, chef. Voudrez-vous la goûter ?

— Non, non, pas cette fois-ci. Je te fais confiance, va. »

Puis il fit venir le maître légumier et lui ordonna de préparer des fleurs de petits pois, une de ses spécialités : il s'agissait de choisir quelques petits pois de grande qualité, de calibre équivalent, offrant à l'œil gourmand une belle couleur verte. Les faire cuire à gros bouillons en même temps que quelques fanes de radis qui allaient ainsi leur faire partager cette légère amertume qui leur convient si bien. En même temps, jeter en vrac dans un faitout du cognac, des tomates et des herbes de Provence et faire réduire le tout. Ces cuissons achevées, extraire les petits pois de leur robe de fanes, les égoutter puis les immerger quelques secondes dans le marc de cognac. Enfin, jeter les enveloppes des petits pois dans de l'eau bouillante, les retirer après quelques minutes, les plonger immédiatement après dans de l'eau froide afin de préserver la chlorophylle qui leur donne cette belle couleur, les disposer sur l'assiette en formant une sorte de fleur, déposer délicatement en leur sein les billes vertes, puis napper l'ensemble d'une goutte d'huile d'amandes et servir.

Balthazar demanda enfin à ce que le cuisinier en second préparât lui-même la viande. Celle-ci devait être revenue à la poêle, pratiquement sans ajout. Le cuisinier en second, le maître légumier, le maître saucier, le sommelier, tous les marmitons et autres aides-cuisiniers exécutèrent ainsi ses instructions. Le chef s'était retiré dans la Bibliothèque des Goûts au moment où le cuisinier en second s'était approché de la salle de stockage pour aller chercher les paquets de viande de « porc ». Balthazar ouvrit son congélateur personnel : les paquets de chair, les doigts, les orteils, les oreilles, la tête avec la langue et les dents du mort étaient toujours là. Il les regarda longuement. Son œil de professionnel commençait à s'habituer à cette drôle de viande. Il referma la porte du congélateur. Il semblait impossible, dans cet état, de sortir ces paquets. Qui plus est, la réglementation française interdit l'usage de produits congelés dans les restaurants, Balthazar l'avait appris à l'École nationale de gastronomie et était très attaché à ce principe. Jamais il ne ferait manger un produit congelé à ses clients, ça non. Il éteignit la lumière et revint aux cuisines. Son personnel s'affairait pour préparer le nouveau plat. Il était dix-huit heures trente, les premiers convives allaient arriver dans une heure et demie. Il prépara lui-même le feu dans la cheminée de la galerie d'entrée, retoucha nerveusement des dizaines de fois la composition d'un bouquet de fleurs qui trônait sur une des consoles de la galerie d'entrée, réajusta la disposition des coussins sur les divans. Vers dix-neuf heures trente, les trois premiers hôtes arrivèrent. Des Américaines. Il consulta le carnet des réservations. Des inconnues. Dommage. Tout ça pour ça. Il vint lui-même les accueillir, elles en furent très honorées. Elles se pâmèrent devant la décoration du *Palais des Nuits*, en s'exclamant « *Gorgeous ! Splendid !* », surtout devant les tableaux d'Arcimboldo, le seul peintre qu'elles aient reconnu. Il les installa juste à gauche de la table centrale du Salon d'Honneur. Le maître d'hôtel s'empressa de les saluer et leur indiqua dans un anglais peu fameux qu'elles pouvaient se mettre à l'aise et s'allonger, oui, s'allonger, c'est cela, comme ça, sur leur divan. Il leur tendit ensuite la carte. Les jeunes femmes la déchiffrèrent avec peine et demandèrent quelques explications au maître d'hôtel. Dépité, Balthazar allait se retirer du Salon d'Honneur quand il remarqua que l'une des Américaines lui faisait un discret signe de la main. Il s'approcha de son divan. Elle lui demanda, en français, de la conseiller dans le choix du plat principal. Il la regarda. Elle avait des yeux verts, son visage paraissait candide et confiant. Elle venait certainement à Paris pour la première fois de sa vie, elle lui consacrait, à lui, à son restaurant et à son talent, une de ses rares soirées, peut-être l'unique soirée qu'elle passerait jamais dans la capitale. Il ne fallait pas la décevoir. Le nouveau plat était le seul qu'il ne connût pas. Comment le recommander ? Ce n'était ni professionnel ni honnête. Pris dans ses propres contradictions, il se contenta de suggérer à la belle un lièvre à la royale. Il se retira, un peu déçu peut-être de ne pas avoir saisi l'opportunité de faire goûter le plat qui devait couronner sa carrière.

D'autres convives commençaient à arriver. Parmi eux, beaucoup de têtes connues, dont un homme d'une cinquantaine d'années, entrepreneur très médiatisé, qui choisit le porc à la fleur de petits pois. Le plat fut également choisi par une, deux, trois, puis quatre autres personnes. Balthazar cessa de les compter. Il s'agissait maintenant d'observer leur réaction. Il retourna dans les cuisines. Le maître saucier était en train de goûter à la sauce de la viande à base du jus de cuisson et procédait à quelques ajustements. Le fumet était bon. Il était vingt heures trente. Balthazar commençait à avoir faim. Il ne savait plus s'il avait vraiment faim ou s'il avait envie de goûter. Il vit Côme s'approcher des tables pour conseiller les hôtes et prendre leur commande. Pratiquement toutes les bouteilles de clos-des-mouches 1990 puis 1959 furent servies ce soir-là. La soirée était déjà bien entamée quand les premiers porcs à la fleur de petits pois furent enfin servis. Balthazar suivait du regard les serveurs en train d'apporter les assiettes. Il observa. Les invités parurent apprécier la présentation du plat. Ce mets, ne serait-ce que par l'agencement de ses couleurs et de ses formes, était une pure merveille. Enfin, le premier convive coupa la viande et la piqua de sa fourchette. Il était en plein dialogue avec sa femme ou sa maîtresse et allait porter le couvert à sa bouche quand il arrêta net son geste pour reprendre la parole, laissant ainsi pendant quelques secondes sa fourchette en l'air ; les yeux de Balthazar étaient suspendus à cette fourchette. L'homme avait une quarantaine d'années. La façon dont il avait goûté son vin en début de repas laissait présager qu'il avait un palais assez fin. Enfin, l'homme porta sa fourchette à ses lèvres. Celles-ci, fermées, remuèrent. Dans l'entreprise de la mastication, chacune de ses joues, droite et gauche, se gonflait tour à tour. Balthazar rentra, pendant quelques secondes, dans la bouche de son convive. Les dents broyaient la chair et la mastiquaient, pendant que la langue, agissant comme une pelle, la soulevait pour l'offrir à l'analyse du palais. Le plat plut, c'est évident. Les yeux de l'homme brillaient de plaisir. Il fit une remarque à sa femme, lui proposant, semblait-il, de goûter. Elle refusa. Il reprit une bouchée, cette fois-ci en prenant soin de recouvrir sa fourchettée de sauce et de lui ajouter quelques petits pois, et recommença. Une vraie réussite, assurément. Une vague rouge de clos-des-mouches emporta les restes de la bouchée dans les entrailles du quadragénaire.

Balthazar parcourut du regard le Salon d'Honneur.

Il sortit du coin obscur dans lequel il s'était posté pour faire le tour des tables. À peine eut-il paru qu'il fut accueilli par une ovation. Certains se levaient pour l'applaudir ou pour crier des bravos, d'autres restaient couchés sur leur divan et tentaient de dire quelque mots au maître de la gastronomie quand celui-ci essayait de se frayer un passage. Les femmes adressaient des sourires d'admiration à l'homme convoité. C'était un triomphe, le couronnement de sa carrière. Il était un peu gêné mais aussi très fier. Il répondait aux gens par des petits hochements de tête entendus, par des sourires et par quelques mots de sympathie pour tel ou tel convive qu'il connaissait. L'ovation n'en finissait pas. Il allait enfin se retirer quand un homme, un peu endimanché, très gros, à la peau très rouge, avec une moustache grise et des yeux ronds marron, le tira par la manche. « Vous savez, monsieur Chacun, mon épouse a choisi votre nouveau plat ce soir. Je suis vraisemblablement passé à côté d'un moment historique. Mais moi le porc, je suis né dedans quand j'étais petit et j'en mange tous les jours, alors... pour une fois que je suis à Paris, c'est pas pour manger du porc, hein, chérie ? » Il se retourna vers Balthazar. « Bonporc, la marque Bonporc, vous connaissez ?

— Euh, oui. » Balthazar s'affolait.

« Eh bien, Bonporc, c'est moi, ou plutôt c'est nous, avec ma femme. Nous sommes passés premiers producteurs de porc dans le monde. Les porcs, on en connaît toutes les espèces de la terre. Ce n'est pas un métier très sexy, mais mine de rien ça rapporte, hé-hé. Quinze pour cent de rentabilité cette année. Pas mal, non ? On pense même à s'introduire en Bourse. » Il manqua une pause. « Vous savez ce qu'elle m'a dit ma femme ? Non ? Eh bien, elle m'a assuré que cette viande n'est pas du porc. N'est-ce pas, Mimine ? » Il se retourna vers son épouse. Elle regardait Balthazar, un peu gênée. Elle ne répondit pas. Son mari reprit la parole. « Cette viande est tellement bien travaillée qu'elle en perd son goût originel. C'est incroyable ! Vous êtes un champion, vous, il n'y a pas à dire.

— Veuillez m'excuser. » Le chef prit congé et partit d'un pas pressé.

« Hé, monsieur Chacun héla l'homme, si vous voulez refaire votre plat en plus grande quantité, appelez-moi, on peut faire affaire ensemble ! »

Balthazar était déjà parti. Il retourna dans son bureau, se servit un whisky, ouvrit son secrétaire personnel, s'installa confortablement dans son fauteuil, et s'assoupit au bout de quelques minutes. Helga passa la tête une demi-heure plus tard pour l'informer que plusieurs journalistes culinaires avaient appelé afin qu'il leur accordât une interview. Le Tout-Paris semblait déjà au courant de son nouvel exploit culinaire. Il grommela et se rendormit. Vers deux-trois heures du matin, les derniers convives partirent. La faim, cette sensation de manque qui fait mal, réveilla Balthazar. Il se leva de son fauteuil, se rendit aux cuisines. Les marmitons étaient en train de ranger, de récurer et de faire la plonge. Sur les fourneaux, il restait une casserole avec un fond de sauce. À côté, quelques petits pois avaient été mis de côté dans un bol. Balthazar s'avança vers les fourneaux.

« Vous voulez qu'on vous fasse une assiette, chef ? Vous n'avez pas encore mangé, ce soir ! » demanda un des jeunes marmitons.

Il hésita. « Non, ou plutôt si, mais plus tard. Mets-moi la sauce et les petits pois au réfrigérateur. Et le fond de clos-des-mouches 1959 qui reste dans la bouteille, là-bas.

— Comme vous voudrez », dit le marmiton en s'exécutant.

Balthazar avait la nausée, celle des gens qui ont faim et qui sont fatigués mais ne savent pas quoi manger. Il décida de rentrer chez lui. Il marchait vite. Le vent lui fouettait le visage. Il était très fatigué par sa journée. Ses épaules et son dos, crispés, lui faisaient mal. En traversant la Seine, il songeait à tous les cadavres qui y étaient tombés ou que l'on y avait jetés. Des gens assassinés, des suicidés, des noyés, toute unc population, qui devait avoir évolué au fil des âges. Des tas de gens, en tout cas. On disait que l'eau de la Seine était très sale. Pourtant, on en faisait de l'eau potable. Elle avait même un bon goût. Il y en avait, des gens décomposés, dans cette eau. Tout le monde avait donc dû boire, sans le savoir, même en dose infinitésimale, des particules de restes de corps humain. Peut-on être condamné moralement si l'on mange du corps humain sans le savoir ? Non, c'est sûr. L'intention, la volonté de manger du corps humain, est nécessaire pour constituer ce crime. Seule compte la conscience de commettre un acte de barbarie.

Ses pensées s'enchaînaient : le Tantale accroché dans le Salon d'Honneur, on ne sait pas s'il a mangé de la chair interdite. Il a préparé sciemment ce plat et l'a offert aux papilles de ses convives. Il a mérité la punition éternelle.

Alors que la déesse Machin qui, trompée par Tantale, aurait mangé par inadvertance un morceau de l'épaule de la malheureuse victime, elle, n'a jamais été punie par ses pairs.

Enfin, Balthazar arriva chez lui. Il se débarrassa promptement de son manteau et se dirigea vers la cuisine. Il ouvrit le réfrigérateur : du fromage, des œufs, du rôti de bœuf, des poivrons fripés, de la mayonnaise, du tarama, une boîte de thon et un fond de bouteille de champagne sans bulles. Très banal. Il avait faim, très faim, son estomac ne cessait de couiner, mais il ne voulait pas manger cela. La soirée repassa dans son esprit. Il se remémora les réactions de ses clients sur son plat, leur air réjoui. Il venait de préparer le plat, paraît-il, le plus fin de sa carrière, et il n'allait pas le goûter ? Quelle absurdité ! Il sortit de la cuisine, saisit son manteau et retourna au *Palais des Nuits*.

Il courut dans la nuit, à la fois galvanisé et saoulé par la faim, le froid, la fatigue et ses propres pensées. Il traversa ou plutôt enjamba la Seine à pas de géant et arriva au *Palais des Nuits*.

Il ouvrit la porte. Le restaurant était éteint et vide. Balthazar jeta son manteau sur un fauteuil dans la galerie d'entrée et se rendit aux cuisines. Il sortit du réfrigérateur la sauce, les petits pois et le fond de bouteille de clos-des-mouches 1959. Il alla à la Bibliothèque des Goûts. Il ouvrit le porte du congélateur et sortit le sac à pleines mains. À travers le plastique transparent, on pouvait voir la viande blanchie par la congélation. L'ensemble formait une seule masse, un magma confus : les oreilles s'étaient accolées aux orteils et les mains au visage. Balthazar sortit du sac la masse de chair, en retira une main. Il referma le sac et le congélateur et revint aux cuisines. Il entreprit de faire saisir la chair interdite dans une poêle à revêtement antiadhésif, en même temps qu'il faisait réchauffer à feu doux la sauce et les petits pois. Il se servit enfin un verre de vin, déposa le morceau de viande dans son assiette, le flanqua d'une partie de la sauce, versa pêle-mêle les petits pois sur un côté de l'assiette, et s'attabla.

TROISIÈME PARTIE

CHAPITRE I

C'était la nuit. Balthazar ne dormait pas. Helga était allongée dans le lit et dormait profondément. Les stores laissaient filtrer un filet de la lumière orangée des lampadaires parisiens, qui bleuissait régulièrement, toutes les trente minutes exactement, quand les bateaux-mouches passaient sous la fenêtre. Tout dans la chambre était calme et immobile. Il n'entendait quc le souffle léger de sa femme endormie. Les paupières closes et les traits détendus, elle gisait sur le dos. Ses longs cheveux blonds étaient dispersés sur l'oreiller, ajoutant à sa douceur. Elle était presque belle. Balthazar resta un moment à la regarder.

Un bateau-mouche s'approchait. La lumière bleuit durant une longue minute. Balthazar regarda le filet de lumière virer progressivement de l'orange au bleu dur puis tourna lentement le regard sur le visage de sa femme. Cette lumière froide et violente l'avait métamorphosée. Son visage étaient devenu dur et contracté. Elle semblait momifiée dans la douleur, bleuie, comme un gros hématome. Dans la pénombre, elle était morbide et effrayante.

Balthazar commençait à avoir froid. Il regardait autour de lui la chambre, transformée par la nuit et sa propre torpeur : le crapaud près de la table basse, sur lequel il avait tantôt roulé ses vêtements en boule, formant une masse avec le tas de linge, dessinait sur le mur bleui l'ombre chinoise d'un monstre bossu. Il détourna les yeux de ce spectacle hideux et regarda à nouveau sa femme. Elle était totalement ignorante de la série d'événements qui secouaient l'esprit et le cœur de Balthazar. Elle ne se rendait compte de rien ? Comment pouvait-elle ne rien voir ? Elle était là, traversant l'existence avec une béatitude imbécile. Vers où cette histoire allait-elle le conduire ? Qui menait vraiment la danse ? Qui décidait dans cette vie ? Lui ? Ou plutôt cet inconnu des lettres ? C'était pourtant lui, Balthazar, qui avait décidé de vendre *Arthus* et de monter le *Palais des Nuits.* C'était lui qui avait gagné le concours de gastronomie. C'était lui qui... Oui, mais, avec l'aide et sur les instructions de qui ? Ces choix n'étaient-ils pas une supercherie ? Le fruit d'une réflexion dont les éléments lui étaient fournis par une autre personne ? La personne qui avait pris toutes ces décisions n'était ni complètement lui, ni complètement un autre.

Un flot d'interrogations sans réponse l'assaillaient. Qui était cet inconnu ? Une personne souffrant d'agueusie qui voulait vivre et susciter des émotions qu'elle ne vivrait jamais ? Un farceur ? Quelqu'un qui voulait l'aider ? Mais pourquoi ? Et jusqu'où ? Il avait très froid maintenant. Tourmenté, il se rallongea à côté d'Helga. Il espéra une fraction de seconde trouver quelque sérénité auprès de sa femme endormie. Peine perdue. Elle recommençait à grincer des dents ! Quelle horreur ! Il ferma les yeux et frémit. Il avait un peu bu ce soir-là et se trouva emporté dans un manège qui tournait de plus en plus vite autour de son centre d'attache, tout en se déplaçant progressivement vers l'avant. Un haut-le-cœur le stoppa dans ce fol engrenage. Il ouvrit les yeux. Il avait besoin d'Helga. Il secoua son épaule. « Helga, Helga ! murmura-t-il. Helga ! répéta-t-il avec insistance.

— Ouuui, qu'est-ce qui se passe ? répondit-elle.
— Je n'arrive pas à dormir.
— Viens là. » Elle le prit doucement dans ses bras, lui caressa les cheveux, et il sombra peu après dans un lourd sommeil sans songes.

*

Tard dans la nuit, Balthazar reçut un appel téléphonique de Julien à son domicile. « Balthazar, la Brigade de la répression des fraudes alimentaires est dans les cuisines du restaurant ! Ils sont en train de prélever des échantillons parmi les restes dans les assiettes des clients qui ont été débarrassées. Tout y passe, depuis le fond de vin dans les verres jusqu'aux épluchures de fruits, croûtes de fromages, miettes de pain, et surtout les sauces et les viandes : pas un fond de sauce, pas un morceau de viande n'échappe à leur échantillonnage, c'est dingue, je n'ai jamais vu cela. Qu'est-ce qu'on fait ?
— J'arrive immédiatement. Retiens-les, Julien, le temps que j'arrive. »
Une trentaine de minutes plus tard, Balthazar était dans les cuisines. Blanc. Le brigadier l'examina attentivement et lui tendit la main avec un large sourire. « Monsieur Chacun, je me présente, brigadier Rascasse, de la BRFA. Je suis honoré et ravi de faire votre connaissance. Vous savez, ma femme ne jure que par vous. Elle vous adore, vous et votre cuisine. Je n'ai jamais pu encore lui offrir un repas dans votre maison, vu les prix, mais j'espère que le jour où je prendrai ma retraite, je pourrai l'emmener fêter ça ici. Elle serait tellement heureuse, vous pensez ! M. et Mme Rascasse au *Palais des Nuits* !

— Monsieur Rascasse, je serai enchanté de vous recevoir à ma table. Prévenez-moi à l'avance, je préparerai un joli centre de table pour votre épouse et viendrai lui dire quelques mots.

— C'est magnifique, merci !

— Mais dites-moi, monsieur Rascasse, que viennent faire vos hommes dans mes cuisines, tard dans la nuit ?

— Oh, ne vous en faites pas, monsieur Chacun, simple contrôle de routine. Nous contrôlons la qualité des ingrédients utilisés dans les restaurants. Cette année, nous avons reçu des instructions de nos supérieurs pour contrôler, dans le plus grand secret, bien sûr, les restaurants de haute gastronomie. En effet, les restaurants bas de gamme ou moyen de gamme ont de plus en plus fréquemment recours à la cuisine sous vide, vous savez, ces plats préparés dans d'immenses cuisines de banlieue qui ressemblent à des laboratoires, mis sous vide, sauce et accompagnement compris, puis transportés jusqu'au restaurant. Ce n'est pas mauvais d'ailleurs, c'est même beaucoup plus sain que les mets travaillés dans les cuisines de bien des restaurants, véritables nids à microbes. Mais vous avez l'air étonné, vous ne vous êtes jamais rendu compte que la blanquette de veau a exactement le même goût dans la plupart des restaurants ?

— Non, je ne connais pas bien ces restaurants, j'ai rarement l'occasion d'y aller.

— Eh oui, monsieur Chacun, votre art se fait de plus en plus rare.

— Et c'est uniquement la chute du nombre de contrôles due à la cuisine sous vide qui explique que vous veniez aujourd'hui m'inspecter ? s'enquit Chacun, dubitatif.

— Oh non, c'est également parce que les autorités françaises veulent inscrire à leur actif l'efficacité de leur contrôle dans le cadre de la politique communautaire.

— Comment cela ?

— Eh bien, comme vous le savez peut-être, les matières premières ont fâcheusement tendance à être falsifiées par des fournisseurs de matières premières peu scrupuleux, ces temps-ci. Tenez, par exemple, il n'est pas rare de trouver du miel coupé avec du sucre de maïs, de canne, de riz ou de betterave ; ou bien de l'huile d'olive coupée avec de l'huile de noisette, bien moins chère au litre ; ou encore des jus de fruits frais cent pour cent pur jus coupés avec du sucre. Mais le pire, c'est la vanille. La vanille naturelle coûte horriblement cher au kilo ; sa copie synthétique, qui présente dans sa formule la plus évoluée pratiquement les mêmes caractéristiques gustatives, coûte deux cents fois moins cher. Le calcul est vite fait chez les fournisseurs mais aussi chez les restaurateurs, si grands soient-ils, n'est-ce pas ?

— Mais quel mal y a-t-il pour un restaurateur à utiliser de la vanille de synthèse pour la préparation de ses gâteaux ?

— Aucun mal, monsieur Chacun, aucun mal, c'est totalement légal. Disons que nous souhaitons juste, par nos contrôles des ingrédients utilisés par les restaurateurs, attirer leur attention sur la qualité des produits que les fournisseurs leur vendent. C'est tout.

— Comment vous y prenez-vous pour distinguer, par exemple, une vraie vanille d'une fausse ? Vous m'avez dit vous-même que les palais les plus évolués n'arrivaient pas à faire la différence !

— C'est simple, ou plutôt non, c'est compliqué. Pour les produits à base de fruits par exemple, on transmet les échantillons que nous avons prélevés à un laboratoire très spécialisé. Les chercheurs mesurent, à l'intérieur des molécules, les empreintes isotopiques, ces signatures caractéristiques de l'origine botanique et géographique des plantes qui ont produit les fruits. Cela nous sert à valider et à authentifier la pureté et l'origine des aliments et des boissons et à procéder aux éventuelles poursuites pénales à l'encontre des auteurs des tromperies sur l'origine desdits aliments.

— Ah oui ? »

Balthazar réfléchissait à toute allure. Il ne croyait pas que la BRFA dépensât temps et argent uniquement pour vérifier l'origine des ingrédients qu'il utilisait dans l'exercice de son art. Il se retourna soudain vers le brigadier et ajouta en souriant : « Eh bien, allez-y, dites à votre équipe de prendre tous les échantillons qu'ils veulent, c'est pour la bonne cause !

— Merci. Au fait, on m'a dit que votre cuisine abritait un des trésors de notre époque, la Bibliothèque des Goûts. Serait-il possible de la voir, cette fameuse bibliothèque ?

— Oui, bien sûr. Mais il est déjà quatre heures du matin et cela fait maintenant plus d'une heure que nous discutons et plus de deux heures que votre équipe inspecte mes cuisines. Revenez demain matin, je vous la ferai visiter. Motus et bouche cousue, n'est-ce pas ? Vous tairez ses secrets !

— Monsieur Chacun, je sais que vous êtes fatigué, que vous travaillez beaucoup et j'aimerais tant vous rendre à votre repos bien mérité, mais... permettez-moi d'insister pour la voir tout de suite. Comme ça, ce sera fait et vous serez tranquille.

— Monsieur Rascasse, souffla Chacun, ce serait avec plaisir, mais vraiment...

— Monsieur Chacun, vraiment, vous m'en verriez touché, susurra le brigadier en plantant ses yeux dans ceux de

Chacun et en sortant discrètement de sa poche un mandat de perquisition.

— Dans ce cas, évidemment... », bredouilla Balthazar.

Il demanda au brigadier de le suivre. Ils sortirent tous deux par une porte de service dérobée attenante à la troisième cuisine. Chacun était suivi de près par le brigadier et sentait son souffle chaud et humide dans sa nuque. Les deux hommes ne se parlaient plus. L'un, grisé par la curiosité, l'autre dévoré par la panique. Après quelques dizaines de mètres de marche à travers un couloir sombre et humide, Chacun s'arrêta devant une porte en bois, épaisse et pourrie, fermée par un gros verrou. Il l'ouvrit.

Les deux hommes pénétrèrent dans une sorte d'antichambre tout aussi moisie que le reste. Puis, ô stupeur, Balthazar sortit de sa poche une nouvelle clé, une carte à trous magnétique extra-plate. Il l'introduisit dans un interstice, l'ôta au moment où un voyant vert s'allumait, et cette seconde porte s'ouvrit sur une troisième en aluminium donnant sur... Le brigadier ne put réprimer un petit cri de surprise : la pièce était très grande, blanche, froide. Aveugle, elle était éclairée aux néons. Quatre paillasses de céramique blanche meublaient le centre du laboratoire. Un bataillon d'éprouvettes, de pinces et autres instruments de chimie étaient rangés dans des armoires. Un millier au moins d'étagères tapissaient les murs de l'immense pièce, derrière les paillasses. Sur ces étagères étaient posées des dizaines de milliers de fioles multicolores, contenant tantôt des éléments solides, tantôt des éléments liquides, essences, ou sirops et autres mélanges, mi-solides, mi-liquides, moins familiers. Le tout semblait répertorié avec soin. Chaque fiole était étiquetée. Le nom de la matière première ou de la combinaison de matières premières contenues dans la fiole y figurait, ainsi que la date de son conditionnement. Le brigadier se tenait au centre de la pièce. Il observait l'ensemble, médusé.

« Monsieur Chacun, quelle merveille ! C'est à peine croyable ! Cette multitude de fioles ! Je n'imaginais pas que tant de matières premières pussent exister.

— ...

— Mais où avez-vous trouvé toutes ces essences ? » Il approcha son museau de l'une des étagères. « Je n'en connais pas le dixième. La plupart de ces noms me sont totalement étrangers. » Il furetait, les yeux plissés, son regard s'attachait aux moindres détails. « Ce n'est pas un laboratoire ici, c'est un temple du goût, monsieur Chacun. Peut-on rêver inventaire plus complet d'essences et de saveurs ? » Il s'approcha des étagères relatives aux essences de vanille : « *Vanille de bois, vanille de Madagascar, vanille d'Afrique, vanille d'Inde, vanille de Chine, vanille de la Réunion récolte 1993, vanille de la Réunion récolte 1998...* Toutes ces vanilles sont naturelles, quel trésor ! » Excité par ses lectures, il se tournait maintenant vers le coin de la pièce relatif aux essences de fruits. Il lisait à haute voix : « *Essence pure de fraises cueillette 1981, essence pure de fraises des bois cueillette 1995, essence pure de framboises d'ex-Yougoslavie cueillette 1983...* C'est incroyable ! » Puis il se rapprocha des étagères relatives aux fleurs : « *Essence de pissenlit, fragrances de roses blanches serre n° 12-1998, fragrances de boutons de roses serre n° 23-1996, fragrances de roses fanées, fragrances de roses serre n° 56-1985 pilées, fragrances de roses serre n° 5-1994 pilées au poivre vert...* C'est de ces fioles que vient le parfum de votre dessert à la rose dont tout le monde parle tant ! *Poudre d'aluminium*, tiens, je ne savais pas que cela se mangeait, ça, monsieur Chacun !

— C'est pour la décoration des plats, monsieur Rascasse, pour ourler les pétales de roses pâles qui ornent les desserts. Le métallisé type aluminium poli est très à la mode en ce moment. Vous savez, il faut bien que nous la suivions un peu, nous autres, la mode. Les restaurants tels que le mien sont vite taxés de ringards de nos jours. La clientèle riche se rajeunit beaucoup, alors... J'ajoute que cette poudre ne touche jamais aucun des aliments que je sers à mes convives.

— Bien entendu, monsieur Chacun, je plaisantais. Qui aurait l'idée assez folle de servir de l'aluminium à ses clients ? »

*

La visite de la bibliothèque dura plusieurs heures. Le brigadier semblait sc régaler de cette escapade nocturne un brin féerique. Il arpentait la bibliothèque et posait mille et une questions à Balthazar. Il regarda toutes les étagères : les fruits, les légumes, les épices, les fleurs, les alcools, les vins, les farines, les plantes, les arbres, les eaux, les racines, les tubercules, les milliers de sortes de chocolats, tout y passa. Ou presque. Car Chacun avait depuis toujours caché à tous la deuxième bibliothèque, attenante à la première par une ouverture clandestine, celle où il classait les ingrédients les plus singuliers : terres, écorces de bois, poudres de roches, minerais, poudres de cendres, poudres de métaux, or, argent, bronze, cuivre, etc., mais également les substances excrémentielles pestilentielles, musc, civette, sueur, sperme, urine et autres excréments, les multiples sortes de lait, de tous les animaux de la terre qui peuvent en donner, de femmes aussi, les écailles de toutes sortes de reptiles et de poissons, les sangs d'animaux, les sangs humains de tous les rhésus, les poudres d'os d'animaux, et la poudre des os du défunt, bien sûr.

Au petit matin, lassé de n'avoir rien trouvé de bien suspect et sa curiosité tarie, le brigadier se retira avec toute son équipe, laissant dans les cuisines Balthazar et ses proches collaborateurs totalement harassés. Balthazar entendit à peine les derniers mots du brigadier s'excusant de cette visite inopinée.

Les cinq jours qui suivirent, Balthazar les passa à arpenter de long en large ses cuisines et son appartement. Helga et ses proches collaborateurs n'arrivaient pas à le calmer et s'inquiétaient de son état. Seul lui savait. Il savait que le brigadier n'était pas venu dans les cuisines pour vérifier leur propreté au demeurant légendaire, ni l'origine de la vanille qu'il utilisait pour la confection de sa crème brûlée. Il savait, ou plutôt non, il sentait que le brigadier reviendrait. Bientôt.

CHAPITRE II

La BRFA rendit son rapport à la police quinze jours après l'inspection surprise du jeudi soir. Balthazar avait demandé à Brador de se procurer, à n'importe quel prix, les conclusions de ce rapport. Il était édifiant :

Paris, l'an deux mil trente, le 10 février.
Brigade de répression des fraudes alimentaires.

Nous, Brigade de répression des fraudes alimentaires n° 3 de la Ville de Paris, nous sommes présentés l'an deux mil trente, le 23 janvier à une heure trente-cinq le matin afin de procéder à un contrôle sur place inopiné au restaurant dit le *Palais des Nuits*, sis 12 rue Le Jeûne à Paris, dans le IVe arrondissement ; avons demandé à parler au responsable du restaurant, M. Balthazar Chacun ; avons décliné à celui-ci notre identité ainsi que l'objet de notre visite. Avons procédé à l'inspection sanitaire de toutes les pièces du restaurant où se trouvent des produits alimentaires. Puis avons prélevé des échantillons de tous les aliments trouvés dans les assiettes de la clientèle à l'état de reste, ainsi que de tous les aliments conservés dans les réfrigérateurs, congélateurs, armoires et autres rangements et avons procédé à leur échantillonnage systématique. Avons quitté le restaurant le *Palais des Nuits* à cinq heures dix-huit. Avons procédé à l'analyse de chacun des échantillons, soit 237 en tout. Sur la base de ces faits, nous déclarons que :

I. Au plan de l'hygiène des pièces et du personnel, le restaurant le *Palais des Nuits* est tenu dans un état de parfaite salubrité. Les techniques d'entreposage des denrées périssables, et notamment des denrées animales et d'origine animale, sont parfaitement conformes aux textes en vigueur. La température de chacune des pièces (cuisines, arrière-cuisines, cave, salle de stockage des viandes, salle de stockage des fromages) est parfaite. L'éclairage artificiel est suffisant. Les locaux sont ventilés afin de permettre la maîtrise des phénomènes de condensation et d'éviter la persistance des odeurs. Le système de ventilation est aisément accessible pour permettre son nettoyage et sa maintenance régulière. Les murs et les cloisons des cuisines, des arrière-cuisines et de la salle de stockage de la viande, à l'exception naturellement des caves, présentent des surfaces lisses, propres, faciles à nettoyer, résistantes et imperméables. Les sols sont en matériaux inaltérables, faciles à nettoyer et, le cas échéant, à désinfecter ; ils sont disposés de façon à permettre un écoulement facile des eaux résiduaires et des eaux de lavage en vue de leur évacuation rapide et hygiénique. Les équipements fournissent exclusivement de l'eau potable. L'organisation des locaux permet que les opérations d'épluchage, de tranchage, de parage des matières premières ainsi que leur nettoyage puissent s'effectuer de manière à éviter toute contamination croisée avec des aliments présentant un niveau d'hygiène différent. Les matériels utilisés en cuisine pour les transformations des denrées alimentaires ainsi que leurs accessoires utilisés pour la préparation, la cuisson, le refroidissement, le stockage, la distribution, le lavage et le service de table sont conformes à la réglementation concernant les matériaux en contact des aliments et denrées destinés à l'alimentation humaine. Ils sont imputrescibles, non poreux, résistants à l'usure, inertes vis-à-vis des aliments et boissons, ils n'altèrent ni le goût, ni l'odeur, ni la couleur des aliments et sont faciles à nettoyer. Les dispositifs utilisés pour le nettoyage et la désinfection des outils et équipements de travail sont satisfaisants. Un nombre approprié de lave-mains à commande non manuelle, de vestiaires et de toilettes dotés de murs lisses, imperméables et lavables, est tenu à la disposition du personnel affecté aux travaux de cuisine et de nettoyage. Conformément aux textes en vigueur, les toilettes ne communiquent pas directement avec les locaux où les denrées sont entreposées ou manipulées et elles sont munies de cuvettes et de lave-mains non manuels. Les produits utilisés pour le nettoyage, la désinfection et la désodorisation des locaux et du matériel sont conformes à la réglementation en vigueur. Le personnel semble d'une grande propreté corporelle et vestimentaire.

En conclusion sur ce point, les locaux du restaurant dit le *Palais des Nuits* sont, par leur conception, leur agencement et leurs dimensions, compatibles avec l'entreposage de denrées alimentaires et avec la restauration collective, et ils sont maintenus dans un état de propreté et d'hygiène compatible avec ces fonctions. Le stockage des déchets alimentaires non susceptibles d'une récupération et les autres déchets non alimentaires sont stockés de manière satisfaisante, dans des conteneurs étanches.

II. Conformément aux instructions qui nous ont été données, nous avons procédé à l'analyse des 237 échantillons, de façon à vérifier s'ils satisfont aux critères microbiologiques définis par la réglementation en vigueur et s'ils sont donc propres à la consommation. Les échantillons que nous avons prélevés lors de notre contrôle concernent exclusivement les denrées animales ou d'origine animale suivantes : viandes de boucherie, viandes hachées à l'avance, viandes cuites, produits de charcuterie, potages, viandes de volaille, carcasses de viandes, produits de salaison, produits de la pêche (crustacés entiers cuits autres que crevettes, crevettes crues et cuites, coquillages bivalves et oursins, escargots décoquillés et non décoquillés, cuisses de grenouilles fraîches, poissons tranchés et entiers, préparation à base de chair de poisson, coquilles Saint-Jacques et moules, saumon fumé, haddock), crèmes pâtissières, pâtisseries, laits fermentés (yaourts, kéfir), laits gélifiés, fromages frais pasteurisés, crèmes fraîches pasteurisées, glaces et crèmes glacées, caséines et caséinates, graisses animales fondues et non fondues de toutes espèces, sauces et fonds de sauce. L'échantillonnage auquel nous avons procédé sur place a été réalisé selon la réglementation en vigueur (nombre et taille des échantillons), et la technique de prise d'essai destinée à la préparation de la suspension mère et des dilutions décimales a porté, comme il se doit, sur les parties superficielles et profondes des produits, et, pour les poissons, après cautérisation de la surface. Le laboratoire Blancpain a été choisi par nos services pour effectuer le contrôle microbiologique des échantillons prélevés chez l'entité contrôlée. Il s'est fondé pour les besoins de cette analyse sur les méthodes décrites par les normes communautaires en vigueur. L'analyse des 237 échantillons que nous avons menée nous amène à penser que les niveaux de contamination microbienne sont acceptables pour des produits destinés à l'alimentation humaine collective.

III. Cependant, nous attirons votre attention sur les éléments suivants :

Il ressort des analyses effectuées par le laboratoire Blancpain que certains échantillons de fonds de sauce préparés à partir de viande porcine recèlent des substances non répertoriées. Ces traces d'éléments inconnus, qui ont été décelées, ont été séparées des éléments connus puis analysées au plan microbiologique. Elles apparaissent à cet égard comme non toxiques et propres à l'alimentation humaine sur ce plan. Pour les besoins du présent rapport, les conclusions de l'analyse du laboratoire Blancpain sont annexées aux présentes. Pourtant, et bien qu'ils ne soient pas toxiques, ces éléments nous apparaissent pour le moins douteux. Nous avons demandé aux laboratoires Fredec de bien vouloir conduire une contre-expertise. Les conclusions de leur rapport sont également annexées aux présentes. Elles sont édifiantes : les laboratoires Fredec posent en effet la question de savoir si ces substances ne proviennent pas du corps humain. Nous allons saisir le Parquet.

Des traces de racine d'aconit ont été trouvées dans certains échantillons de desserts lactés prélevés dans les restes des assiettes de la clientèle lors de notre contrôle. L'usage de cette substance vénéneuse, généralement utilisée dans les médicaments, était jusqu'alors inconnu en cuisine. Nous avons cherché dans les archives de nos services et n'avons pas trouvé de précédent. Nous appelons votre attention sur le fait que l'usage de la racine d'aconit est très réglementé. Renseignements pris auprès des services du ministère de la Santé, la consommation d'aconit, sous forme d'extrait ou de poudre, ne peut dépasser 0,5 gramme par prise. Une consommation de quelques grammes peut entraîner la mort du patient. Le dirigeant du *Palais des Nuits* a, en faisant consommer cette racine à ses clients, pris des risques inconsidérés pour la santé de ceux-ci. La détention, l'offre et l'emploi de substances vénéneuses étant un délit réprimé pénalement par une amende et ou une peine d'emprisonnement, nous allons saisir le Parquet.

Les locaux que nous avons contrôlés ne montraient aucun signe de stockage de ces substances dangereuses. La perquisition que nous avons effectuée a été systématique et très fouillée. Nous pensons donc que M. Chacun ne nous a pas fait visiter l'intégralité de ses locaux d'entreposage. Nous avons en conséquence commandé le plan cadastral de l'immeuble du *Palais des Nuits*. Il ressort d'une comparaison que nous avons effectuée entre les locaux que nous avons visités et le plan cadastral qu'il existe une ou deux autres pièces, d'une superficie totale de 400 mètres carrés environ, attenante à la « Bibliothèque des Goûts » et à la salle de stockage des viandes.

Au vu de ce qui précède, nous concluons que le restaurant dit le *Palais des Nuits*, bien que ses locaux et que les matériels qui y sont utilisés soient d'une hygiène remarquable, offre à ses clients des substances illicites dangereuses pour l'individu. Le recours à l'anthropophagie ne semble pas à exclure. En conséquence, nous transmettons ce jour le dossier au Parquet du Tribunal de grande instance de Paris afin que des mesures conservatoires (fermeture de l'établissement, perquisition, etc.) soient prises d'urgence avant instruction de l'affaire afin de préserver la sécurité des clients et l'ordre public.

Brigadier Rascasse

Brador avait fixé Balthazar pendant que celui-ci lisait la copie de ce long rapport. Balthazar releva la tête et son regard croisa le sien. Ni l'un ni l'autre ne soufflaient mot. Balthazar lâcha un grand soupir et se renversa dans son fauteuil.

« Lucien, c'est fini pour moi. »

Brador ne répondit pas. Il était sous le choc. Il posa les yeux sur Balthazar. Pousser la curiosité professionnelle jusqu'à faire bouffer à ses clients leurs semblables ! Balthazar était foutu. Tous les deux le savaient. Il rompit enfin le silence en ces termes : « Tu connais un bon avocat ?

— Ouais, plein. Surtout des avocats d'affaires.

— Mais des avocats spécialisés en droit pénal, Balthazar, tu en connais ? »

Le mot « pénal » vibra dans les oreilles de Balthazar comme une balle de pistolet qui serait passée à quelques centimètres de sa tempe. Il avait chaud tout à coup.

« Spécialisés en droit pénal ?... Oui, je crois. Tu penses que je dois les contacter dès maintenant ? Le Parquet est à peine saisi du dossier et...

— Non, attends. Ça viendra bien assez vite, va. Profite, emmène ta fille se promener, occupe-toi de ta femme. Helga paraît soucieuse en ce moment. Consacre-lui du temps. Le restaurant peut marcher quelques heures sans toi, mon vieux. Ton temps devient précieux... Si tu as besoin de moi pour quoi que ce soit, appelle-moi. »

Sur ces mots, il enfila son pardessus et mit sa main sur la porte. Il se retourna pour voir une dernière fois Balthazar libre. Il savait qu'en ces temps de justice expéditive, les heures de liberté de son ami étaient comptées. Il sortit.

*

L'air était glacé et cinglait le nez et les oreilles de Balthazar et de Diane. La petite fille était bien couverte et portait une cagoule de laine rouge qui lui protégeait la tête. Elle avait mis son manteau, rouge aussi, celui qu'elle préférait, pour partir en promenade avec papa dans les jardins des Tuileries. Sa petite main s'agrippait à celle de son père. Les passants étaient rares. Certains promenaient leurs chiens. Il y en avait de toutes les tailles, des chiens. Les plus gentils étant bien sûr les labradors blancs. Il y avait dans un camion blanc et rose un homme qui vendait des barbes à papa. Balthazar tendit quelques piécettes à l'homme, qui fit tourner sa machine et tendit à la petite fille une grosse barbe à papa rose. C'était exquis. Le bonbon était encore tiède et s'effilochait sous les mains de l'enfant avant de fondre délicieusement dans sa bouche. Balthazar la regardait. Ébauche de femme dans les frimas de l'hiver, fluette et sautillante comme un coquelicot rouge tremblant au gré du vent sur sa mince et frêle tige. Tous deux commençaient à avoir le nez rouge et humide. C'était mercredi, il fallait rentrer à la maison pour dîner, prendre son bain, se coucher tôt et être en forme pour l'école. Ils se décidèrent enfin à rentrer.

Les rues étaient dégagées, ils arrivèrent bientôt à la maison. Helga était là, assise dans le gros canapé du salon, lisant un roman en les attendant.

« Enfin, s'exclama-t-elle. Vous êtes partis il y a plus de quatre heures ! Je commençais à m'inquiéter ! » Elle se leva et les accueillit avec un large sourire. « Diane, va prendre ton bain. » Et devant les supplications de l'enfant : « Oui, oui, tout de suite ! »

Diane s'éclipsa.

« Tu en fais une tête. Mais qu'est-ce que tu as ?

— Helga, il faut que je te parle. »

La discussion qui s'ensuivit fut moins pénible que Balthazar ne l'aurait cru. Helga était soulagée que son mari lui parlât. Il régnait tant de distance entre eux depuis des années. Helga savait pas mal de choses, ou plutôt, s'en doutait. Elle écouta son mari. Celui-ci ne lui dit pas tout. Pas pour les lettres et surtout pas pour l'anthropophagie. Uniquement pour les substances vénéneuses et pour le Parquet. Il ne fallait pas trop en dire pour ce soir. Et puis, les choses étaient peut-être rattrapables. Balthazar avait quelques amis qui grenouillaient dans les ministères. Il y avait Vélumar, Doza, et puis aussi Colvert, du ministère de l'Intérieur. Balthazar demanda à sa femme de s'occuper seule du restaurant pendant la première partie de la matinée du lendemain. Il voulait dormir et contacter ses amis des ministères. Après tout, les procureurs ont eux aussi des autorités de tutelle et il était peut-être possible de faire pression pour qu'ils décident de ne pas se saisir de l'affaire...

Le lendemain matin, Balthazar resta à la maison. Il passa plusieurs coups de téléphone. Mais il ne réussit à joindre ni Doza, ni Vélumar, ni son ami Colvert. Celui-ci était en conseil, paraît-il. Il avait même débranché son portable. Bredouille, Balthazar se rendit enfin au *Palais des Nuits*. Il était onze heures. À peine eut-il franchi le pas de la porte qu'il comprit. L'hôtesse d'accueil était debout dans l'entrée, interdite. Elle le regardait, muette. Dans le Salon d'Honneur, tout le personnel assistait, figé, à la perquisition de la police. Balthazar savait ce qu'ils cherchaient. Tables, chaises, sofas, lampes et consoles furent retournés. Les policiers étaient bruyants et renversaient tout. Deux policiers, plus calmes, relevaient l'identité de chaque employé : nom, adresse, date et lieu de naissance. Depuis quand travaillez-vous au *Palais des Nuits*, pouvons-nous voir vos papiers, etc. Balthazar se tenait à l'entrée du Salon d'Honneur, immobile. Il n'avait pas ôté son manteau. Le commissaire s'approcha de lui, le prit par le bras et l'emmena dans la galerie d'entrée. Là, à l'abri des regards, discrètement, il prit les mains de l'homme et les menotta. Ils sortirent tous les deux. La voiture de police les attendait. Heureusement, il n'y avait personne dehors. Balthazar se retourna avant de s'engouffrer dans le véhicule et jeta un regard sur la fenêtre du premier étage. Helga était là, debout à la fenêtre, elle le regardait et pleurait, Diane entre ses bras.

*

La salle attenante à la Bibliothèque des Goûts fut découverte quelques heures après. Les policiers y trouvèrent les substances cachées. Les restes de l'homme, M. Éric Pellati, furent retrouvés parmi les produits congelés. Plusieurs policiers s'évanouirent à ce moment-là. Quant aux autres produits, qui avaient été le plus souvent transformés en poudres, pilés, concassés, liquéfiés, ou encore alcoolisés, il fut décidé de les faire analyser. Le nombre de fioles était si important (plus d'une dizaine de milliers) qu'on se limita à l'analyse des plus suspectes. Plusieurs centaines de prélèvements furent réalisés. Ils furent adressés à plusieurs laboratoires indépendants de Paris. Pas moins de onze laboratoires et trois semaines d'analyses furent nécessaires.

Pendant ce temps, Balthazar, écroué au pénitencier de la Santé, ne fut pas remis en liberté provisoire, les résultats de l'analyse des premières fioles étant suffisants à eux seuls pour justifier son maintien en détention. Il fut maintenu en garde à vue durant quarante-huit heures, à l'issue desquelles une information judiciaire fut ouverte contre lui puis la chambre d'accusation fut saisie par le procureur général. L'affaire fut renvoyée devant la cour d'assises. Balthazar était inculpé de deux crimes, meurtre de M. Éric Pellati et anthropophagie, passibles, chacun, de la peine capitale.

CHAPITRE III

Depuis huit semaines, Balthazar moisissait dans sa cellule. Les trois premières, il s'était débattu pour appeler ses proches, garder le contact avec l'extérieur. Les gens libres. En vain. Aucun des amis de renom qu'il côtoyait jadis avec familiarité ne le rappelait. Il était en revanche assailli par les appels téléphoniques de nombreux avocats, connus et moins connus, qui s'acharnaient à vouloir défendre, non pas Balthazar, mais l'auteur du fait divers le plus monstrueux commis depuis plusieurs générations. Il refusait systématiquement de les recevoir, et n'avait encore pris aucun avocat.

Il avait passé les cinq semaines suivantes à digérer les trois premières. C'était comme si sa vie avait été tranchée en deux d'un coup de canif. D'un côté, la vie luxueuse, le monde des vivants, les projets, le bruit joyeux des convives et des rires ; de l'autre, une vie solitaire, tournée vers l'analyse d'un acte passé, le remords et le regret à la fois, dans une cellule sombre, vide et silencieuse, les plateaux-repas à vous dégoûter de toute nourriture et la préparation à la mort. Car il le savait, à l'issue du procès, dans quelques mois tout au plus, il allait mourir et rejoindre le convive décédé dans le néant immense.

Balthazar se souvint qu'un dimanche ensoleillé, plusieurs

années auparavant, il avait fièrement répondu oui au référendum sur la peine de mort. Les assassins n'avaient aucune circonstance atténuante, n'est-ce pas ? Ils devaient mourir, quels que fussent leurs sentiments et leurs pensées au moment où ils avaient donné la mort, et après. Ils s'étaient arrogé le droit de donner la mort, ils devaient accepter le risque d'y passer à leur tour. Œil pour œil, dent pour dent. La justice, n'était-ce pas avant tout, dans les contrats, l'équilibre des prestations réciproques des parties, dans la vie les mêmes droits et devoirs pour tous, et en matière criminelle une stricte égalité entre la peine que l'assassin a infligée et la sanction qu'il reçoit ? Une vraie balance de cuisine, voilà comment elle devait fonctionner, la justice.

Mais aujourd'hui, Balthazar n'en pensait plus rien, de la justice, des droits et des devoirs, de l'équilibre des prestations dans les contrats, et, surtout, de la peine de mort. Objet des interrogatoires de la police, des médecins, des psychiatres et des juges, des railleries et des blagues pornographiques des voisins de cellule et de l'opprobre collectif, il était livré ligoté, sur le plateau de la gigantesque balance.

Perdu dans ses pensées, Balthazar ne prêta tout d'abord aucune attention à la silhouette mince dont on venait de lui annoncer la visite. Au bout de quelques minutes, il leva la tête. Pour la laisser retomber aussitôt, en bougonnant. Il ne la connaissait pas. Encore une journaliste, ou une psy. La femme ne parlait pas. Brune, les cheveux longs, grande, élancée et très féminine, elle dégageait un calme profond et rassurant. Elle souriait, détendue et respectueuse du silence de son hôte. Elle attendait, appuyée contre la porte, les mains derrière le dos. Plusieurs minutes passèrent ainsi. Un peu gêné de faire le capricieux et d'imposer à cette femme un silence que, visiblement, elle ne romprait pas sans son accord, il parla enfin.

« Qui êtes-vous ? Que me voulez-vous ? »

La jolie femme brune sourit.

« Je suis ravie de cette rencontre, Balthazar. Me permettez-vous de vous appeler Balthazar ? Je me présente, Barbara Brigel. Cela me fait plaisir de vous parler de visu, j'attendais depuis longtemps ce moment. Oh, mais j'oubliais, permettez-moi de me présenter, je suis votre avocate, je suis venue pour vous défendre devant la cour d'assises. » Elle s'avança vers lui et Balthazar s'aperçut avec stupéfaction qu'elle était privée de l'une de ses mains : son bras gauche se finissait par un moignon, dissimulé par la manche de son chemisier et de sa veste. Mais ce jour-là, il n'avait pas l'esprit à plaindre qui que ce soit.

« Sachez, maître, que tout le monde veut me défendre, dit-il sèchement. Je moisis dans cette cellule depuis huit semaines. Les avocats s'étripent pour être chargés du dossier comme des charognards s'entre-tueraient sur un cadavre en décomposition. Dire que j'ai nourri la moitié des avocats de cette ville durant des années, c'est sordide. Pourquoi vous choisirais-je vous plutôt qu'un de ces corbeaux ?

— Il faut les comprendre, Balthazar, votre geste peut paraître fou à certains, n'est-ce pas ? C'est un cas exceptionnel, rarissime. Moi-même, j'aurais été également tentée de me battre pour traiter ce dossier.

— Mais vous, vous êtes comme ces avocats que l'on voit s'étriper dans les médias, vous êtes même peut-être pire, puisque vous venez jusque dans ma cellule pour me défendre, s'écria Balthazar, brusquement galvanisé par la colère.

— Je suis différente, Balthazar. Je viens vous défendre, vous, Balthazar, et non l'homme le plus monstrueux de la planète, comme titrait un tabloïd d'aujourd'hui. Je n'aime d'ailleurs pas l'aspect sensationnel qui a été donné à votre geste. Cela crée fatalement une pression inutile sur le jury. Il faut les travailler en douceur, les jurés, dans le vase clos de la Cour et dans le cadre limité des questions techniques qu'on leur pose pendant le procès. Croyez-moi, les avocats qui vous ont contacté ne défendent brillamment que les victimes d'un homme ou de la société, les exclus, les enfants violés, bref, les gens qui attirent la sympathie. Ils ne savent pas défendre efficacement la personne qui n'a ni antécédent, ni enfance brimée et qui est pleinement responsable de ses actes. Or, sachez-le, Balthazar, le monde entier est ligué contre vous. On n'a jamais connu un tel acte de barbarie depuis plusieurs générations en France. NNW vous a même consacré une émission vendredi soir. Vos anciens camarades de classe y ont relaté des expériences que vous faisiez à l'époque sur des fourmis. Même ces histoires anecdotiques et infantiles ont été savamment amplifiées par les journaux à scandale. On ne parle que de sadisme et de perversion à votre sujet. Il faut recadrer votre affaire. Franchement, vous devriez accepter mon offre de vous assister dans ce dossier, ajouta-t-elle enfin, froidement.

— Qui êtes-vous ?

— Votre avocate.

— Je sais. C'est aimable à vous de vouloir me défendre. Mais pourquoi ? Pourquoi vous plutôt qu'un autre, à la fin ? Et puis, comment êtes-vous rentrée ici ? Les avocats n'ont pas le droit de s'introduire ici, en principe. C'est pour l'argent que vous me défendez ? Combien voulez-vous ? D'ailleurs, quelles compétences avez-vous en matière pénale ? Je ne vous connais pas, je ne vous ai jamais vue, je joue ma vie dans ce procès, et je ne vais pas prendre le risque de la guillotine pour m'être fait défendre par une fille, certes jolie, mais inconnue et privée d'une de ses mains. C'est un luxe dont je peux me passer ! »

Il délirait. Elle l'écoutait placidement. Il sentit alors la colère le quitter. Perdu, désespéré, il eut tout à coup honte du tissu d'horreurs qu'il avait pu dire à cette femme, superbe et pourtant handicapée à vie, qui n'avait d'yeux que pour lui, Balthazar, qui était venue pour lui, rien que pour lui, rompre sa solitude. Confus, il baissa la tête, redoutant que son interlocutrice le quittât, blessée. Après un court silence, qui lui sembla une éternité, elle parla enfin.

« Ce n'est pas l'argent qui m'intéresse, Balthazar. D'ailleurs, vous n'en avez plus.

— Quoi ? Comment ça ? demanda Balthazar, goguenard.

— Votre investisseur — Ethics Trading International, si mes informations sont bonnes, un fonds spécialisé dans les placements éthiques — s'est fondé sur une clause du contrat de financement que vous avez conclu avec eux, une clause prévoyant le remboursement anticipé du prêt en cas d'infraction à une loi, quelle qu'elle soit, pour résilier le contrat et solliciter de votre part le remboursement immédiat du prêt ayant servi à financer le *Palais des Nuits.* Votre femme, informée de cette action, a rencontré vos banquiers il y a trois jours à New York et à Genève ainsi que le représentant de ce fonds, afin de négocier un moratoire. Peine perdue : tous vos avoirs en banque, sur l'ensemble de vos comptes bancaires, en France et à l'étranger, ont été gelés et sont sur le point d'être saisis. Les banquiers titulaires de vos comptes en France n'ont eu qu'à s'incliner. Non non, vous vous méprenez, je vous défends de manière totalement désintéressée. »

Balthazar tentait d'y voir clair et de comprendre l'enchaînement des faits. Dans son for intérieur, il s'interrogeait. Cette femme dit-elle toute la vérité ? Ne mentirait-elle pas pour que je lui confie la défense de mes intérêts ? Cette histoire paraît si absurde ! Il interrogea la femme brune : « Comment Helga a-t-elle pu se rendre, seule, à Genève et à New York pour négocier des délais de paiement ? Elle ne connaît pas grand-chose à ce financement. Tout juste doit-elle connaître le nom du fonds d'investissement.

— Elle était accompagnée.

— Mais par qui ?

— Par moi.

— Écoutez...

— Non, écoutez-moi. Je suis là pour vous défendre. Votre épouse l'a compris bien plus vite que vous. Réveillez-vous, Balthazar ! Soyez lucide, vous n'êtes plus rien, vous n'avez plus rien, et si vous continuez à vous considérer comme un homme adulé, riche et admiré de tous, vous vous méprenez totalement et vous ne réussirez pas à convaincre les jurés de vous épargner la peine capitale. Votre survie doit désormais constituer votre unique objectif et, croyez-moi, il n'est pas évident que nous l'atteignions. »

Balthazar était à la fois choqué par la fermeté du ton de la belle, et en même temps rassuré : non, il ne s'agissait pas d'un complot. Cette femme semblait vraiment vouloir l'aider.

« Et pourquoi vouloir m'aider ? s'enquit-il.

— J'ai beaucoup d'admiration pour vous. J'aime votre cuisine et votre restaurant. Vous m'avez fait, sans me connaître, découvrir votre art et les plaisirs qu'il procure, et je vous en suis reconnaissante à un point que vous auriez peine à imaginer. Quoi de plus normal que de tout mettre en œuvre pour vous épauler quand vous en avez le plus besoin ? Cela fait partie de la philosophie de mon métier. Et en ce qui me concerne — je devine que vous me trouvez bien courageuse pour prendre en charge, seule, votre dossier —, ne vous en faites pas, mes compétences en matière pénale sont suffisantes pour vous défendre. N'hésitez pas à vous renseigner sur ma carrière, je n'ai pas à en rougir. En ce qui concerne plus précisément votre dossier, j'ai un atout par rapport à mes confrères : je connais bien votre parcours. Ce qui sera utile pour la recherche des circonstances atténuantes. Car les gens sont convaincus que vous l'avez tué.

— Je ne sais pas, je ne sais plus, répondit Balthazar, effondré, d'une voix rauque pleine de larmes. C'est horrible, c'est horrible. »

Il répéta ces mots plusieurs fois. Il récapitulait dans son esprit les nouvelles que la jolie femme venait de lui annoncer : ruiné, aucun soutien à attendre, ni du public, ni de ses amis ; il tournait et retournait les éléments dans sa tête et ceux-ci formaient un manège saoulant et douloureux. Imperceptiblement, au fur et à mesure que la belle parlait, ses épaules se tassèrent, ses jambes se recroquevillèrent sous le petit lit de fer et c'est à un homme malheureux qu'elle avait maintenant l'impression de parler.

Toujours détendue, la jeune femme s'assit à côté de lui, sur le lit. Une vraie beauté, cette avocate. Une de ces femmes distinguées, à qui l'on est fier d'être présenté, et dont on se souvient longtemps. Une beauté intelligente, naturelle, somptueuse, que le léger voile d'un parfum suffit à rendre élégante. Une de ces femmes, très rares, qui doivent être plus belles nues que vêtues. Si elle n'avait pas cet horrible moignon ! Cela devait être dur d'être privé d'un magnifique instrument, véhicule des émotions. Les pensées de Balthazar s'arrêtaient là. Elle était calme. Elle continuait à sourire.

Comme si elle avait le temps, ou plutôt non, comme si elle prenait son temps et l'offrait ainsi à son nouveau client.

Elle lui décrivit longuement la situation. Clairement, posément. Très professionnelle. Il était encore très abattu quand elle le quitta, après plusieurs heures d'entretien. Mais il savait une chose quand ils se séparèrent : c'est elle qu'il prendrait comme avocat, et pas un autre. Elle était intelligente, elle avait une connaissance et une maîtrise remarquables du dossier, et s'il avait une chance de rester sauf, cette Barbara représentait certainement cette chance. Il fallait la saisir. Tout de suite, sans attendre.

CHAPITRE IV

Les semaines suivantes passèrent très vite. Balthazar et Barbara travaillèrent d'arrache-pied à rechercher dans son passé des faits qui pouvaient expliquer sa conduite. Balthazar se prêta, confiant, aux multiples expertises psychiatriques qui furent conduites sur lui et aux nombreux entretiens avec l'avocate. Il trouvait Barbara à la fois brillante et très renseignée sur sa carrière et sa vie personnelle, ce qui multipliait les chances de gagner le procès. Il avait demandé discrètement à Helga de s'informer sur les capacités professionnelles de sa nouvelle avocate. Barbara Brigel avait, en effet, une solide réputation en droit pénal sur la place de Paris. Elle avait beaucoup de responsabilités et était en charge de gros dossiers. Son patron, un avocat très réputé, était décédé des suites d'un tragique accident, et elle avait hérité de toute sa clientèle, qu'elle avait su fidéliser et développer.

Barbara, pendant ces quelques semaines, passa beaucoup de temps avec Helga, cherchant dans ces longues conversations de femmes des circonstances atténuantes pour le crime commis par Balthazar. Helga la recevait volontiers, Barbara ayant su s'attirer sa confiance. Le dossier de défense de Balthazar s'épaississait.

Des mois s'écoulèrent. Barbara rendait presque quotidiennement visite le soir à Helga et lui apportait à chaque fois quantité de friandises. Helga vivait et recevait dans son lit, car elle ne pouvait pratiquement plus marcher ; elle se bourrait de gâteaux, de biscuits et de bonbons ; son visage, gonflé, semblait près d'éclater ; elle ne dévoilait plus son corps, devenu répugnant, qu'aux infirmières pour les lavements. Elle avait abdiqué devant l'ampleur de la bataille qu'elle devrait engager pour retrouver la capacité de se mouvoir et se laissait mourir en bâfrant. Couchée sur son lit, près de la fenêtre, elle regardait la rue et guettait la venue de Barbara, essayant de deviner quelle sorte de friandises l'avocate lui avait achetée, et, surtout, si le paquet était gros. Dépassée par la technicité du dossier de son mari, elle laissait désormais à Barbara le soin de s'occuper de cette affaire. Elle savait que Barbara s'impliquait beaucoup dans ce dossier et qu'elle rendait souvent visite à Balthazar. Alors, quand Barbara venait la voir, elle était plus intéressée de tisser une amitié avec cette femme qui la fascinait et qui prenait soin d'elle. C'est ainsi qu'une affection forte lia les deux femmes. Au bout de quelques semaines, quand Barbara venait la voir, elle se surprenait à ne plus évoquer le nom de son époux.

Barbara travaillait beaucoup sur ce dossier. Elle rendait visite à son client chaque fois qu'elle le pouvait. Balthazar, selon lui, avait été manipulé par une force extérieure inconnue, le fameux auteur des lettres anonymes. Balthazar avait été très prolixe sur ce sujet. Il disait que ces lettres lui avaient insufflé de nouvelles idées ainsi que la force intérieure nécessaire pour les concrétiser. Ces missives avaient, chacune, contribué à repousser les limites de son champ d'investigation gustatif. C'étaient ces lettres qui lui avaient soufflé l'idée d'intégrer dans les plats de ses convives de la drogue comme l'aconit. C'étaient ces lettres également qui l'avaient poussé à goûter la chair du malheureux disparu. Barbara avait posé à Balthazar beaucoup de questions. Elle lui expliqua qu'il lui semblait possible de bâtir une puissante argumentation autour de ces lettres, et qu'elle allait tenter de démontrer que non seulement il n'avait pas empoisonné sciemment le malheureux, mais encore qu'il n'avait goûté à la chair humaine que sous l'emprise d'une force étrangère.

Balthazar avait indiqué à Barbara qu'il avait rangé les lettres dans le secrétaire personnel de son bureau. Un soir, Barbara se rendit, sur les instructions de Balthazar, au *Palais des Nuits*, et retrouva les lettres, sans difficulté.

Sur la base de ses travaux, Barbara construisit une argumentation ambitieuse : le procès devait se diviser en deux audiences dont les dates étaient rapprochées. Il fallait profiter de ces deux phases pour séparer les deux faits : mort du convive et anthropophagie. Si l'on réussissait à opérer cette distinction dans l'esprit des jurés, le procès serait à moitié gagné, affirma-t-elle à Balthazar. Le procureur allait certainement essayer de démontrer que Balthazar avait commis un meurtre, et que le mobile de ce meurtre était le désir de goûter et de consommer de la chair humaine. La liaison des deux événements entraînerait sans doute la condamnation de Balthazar à la fois pour meurtre et pour anthropophagie. Il fallait donc, à tout prix, casser cet enchaînement qui présentait le danger d'être très logique. Barbara allait démontrer, au cours de la première plaidoirie, que Balthazar n'avait pas tué son convive, et que cet empoisonnement était totalement accidentel. Que la responsabilité de cet accident était diluée et partagée entre tout le personnel du restaurant : Julien, le maître saucier, le marmiton et Balthazar, et que, de ce fait,

Balthazar acceptait de voir la responsabilité civile du *Palais des Nuits* engagée, mais pas sa propre responsabilité pénale. Une fois cette idée profondément ancrée dans l'esprit des jurés, elle allait tenter d'expliquer, au cours de la seconde plaidoirie, le cheminement de la pensée de Balthazar qui l'avait mené à l'anthropophagie : il avait goûté de la chair humaine car il était mû par la peur d'être accusé de meurtre par empoisonnement. De plus, il était sous l'emprise d'un inconnu qui lui écrivait des lettres anonymes qui avaient progressivement déstabilisé son esprit. Pour créer son effet de surprise dans l'esprit des jurés et des magistrats, elle n'allait annoncer l'existence des lettres qu'à la fin de la première plaidoirie.

Il faut préciser qu'à cette époque-là, la procédure pénale était totalement orale, afin de ne pas influencer les jurés par des jeux d'écriture, et que la production de nouveaux arguments et de nouvelles pièces était permise jusqu'à la fin des plaidoiries. Barbara n'avait donc encore communiqué à la cour d'assises ni les lettres ni ce nouvel argument. Elle comptait beaucoup sur cet effet de surprise. Il était possible d'espérer que, si le procès se passait de manière satisfaisante, la Cour trouvât des circonstances atténuantes à la conduite de Balthazar. Lui se dit séduit par le projet d'argumentation de Barbara.

*

Le jour de la première plaidoirie arriva. Barbara rejoignit son client dans sa cellule quelques heures avant l'audience.
« Bonjour, Balthazar, comment vous sentez-vous aujourd'hui ?

— Bonjour, Barbara. Bien, plutôt bien. Je suis confiant. Et vous, êtes-vous prête ? Ma vie repose sur vos talents oratoires de ce jour.

— Ne vous inquiétez pas pour moi, Balthazar », répondit la belle en souriant calmement. En fait, Barbara était assez angoissée. Elle appréhendait cette plaidoirie qu'elle savait difficile. Durant toute la nuit, elle avait repassé dans son esprit les différents arguments qu'elle voulait développer devant les jurés.

Ce matin, elle était fatiguée. Elle échangea quelques mots avec Balthazar puis prit congé de son client afin d'arriver en avance au Palais pour prendre le temps de boire un ou deux cafés et de se détendre un peu. C'était un procès très médiatisé, le cas de Balthazar passionnait les foules. Cette affaire constituait une opportunité de se forger une réputation mondiale comme avocat. Barbara songeait qu'elle allait plaider un procès historique. Il lui fallait absolument être la meilleure et utiliser le vecteur des médias pour que sa réussite dans ce dossier soit colportée dans toutes les chaumières, dans tous les sièges de toutes les sociétés et dans tous les cabinets d'avocats du monde.

Barbara arriva bientôt aux grilles du Palais. Des centaines de gens, accourus du monde entier, se pressaient sur les marches. La jeune avocate se rendit, sa robe au bras, à la buvette du Palais. Ses confrères, amassés par grappes de fruits noirs, s'agitaient en bavardant bruyamment et déployaient leurs ailes de grands oiseaux. Le nez de l'un d'entre eux attira son attention. Il était très busqué et, lorsque son propriétaire parlait à un de ses confrères, il semblait foncer sur une proie comme un charognard. Barbara repensa à la comparaison de Balthazar. Elle salua certains d'entre eux, qu'elle connaissait. Quelques-uns l'ayant aperçue et faisant mine de s'approcher d'elle pour lui parler, elle s'empressa de quitter la buvette. Elle revêtit sa robe au vestiaire, redescendit au rez-de-chaussée, et déambula dans la salle des pas perdus, plongée dans sa prochaine plaidoirie, s'en récitant les phrases clés, l'accroche du début et la chute de la fin. Puis elle s'adossa au mur. Elle paraissait absorbée par les dessins du sol de marbre, taché et rayé par endroits par des dizaines de milliers de mocassins et de godillots. Elle régula sa respiration, par de profondes inspirations suivies de longues expirations. Puis gravit l'escalier conduisant à la cour d'assises. Une foule compacte d'inconnus et de journalistes se pressait aux portes de la chambre. Elle s'installa près du box de l'accusé où l'attendait Balthazar, le salua d'un petit signe de tête accompagné d'un sourire complice et attendit de longues minutes, visiblement insensible aux remous de l'assemblée bruyante et impatiente. Concentrée. Il lui tardait de plaider maintenant.

*

Le réquisitoire de l'avocat général fut violent. Le procureur fit le récit devant les jurés de l'atrocité des faits commis. À l'appui de sa description, il montra des photographies des morceaux de la victime que les policiers avaient sortis du congélateur de la salle attenante à la Bibliothèque des Goûts. On reconnaissait, çà et là, des doigts, une oreille, un bout de foie. Cette démonstration souleva des haut-le-cœur chez les jurés. Le procureur avait réussi à les sensibiliser à outrance, ce qui était son premier objectif. Puis il leur prouva que l'empoisonnement avait bien eu lieu au *Palais des Nuits.* Il leur montra les fioles d'aconit rangées sur une étagère des cuisines du restaurant. Enfin, il retraça la progression des ambitions gastronomiques de Balthazar, qui l'avaient entraîné à des actes de moins en moins raisonnables. Comme prévu, il s'attacha à démontrer que Balthazar avait commis sciemment un meurtre par empoisonnement afin de faire goûter à ses convives le mets interdit. Les preuves étaient accablantes. Le jury et même la présidente étaient horrifiés et avaient peine à dissimuler leur dégoût.

Les témoignages du personnel du *Palais des Nuits* n'étaient pas moins durs : il affirmèrent avoir suivi les recettes et les instructions de Balthazar et avoir incorporé à maintes reprises des substances toxiques à la préparation des mets servis. Les témoignages de Julien et du maître saucier furent à cet égard sans ambiguïté. Ils attestèrent avoir versé, le soir des faits, de l'aconit dans la sauce.

Quelques habitués du *Palais des Nuits* témoignèrent de la dérive des mœurs dans ce restaurant, à la fois gustative et sexuelle. Celui de Mme Lucus, une figure de la haute couture de l'époque, marqua bien des esprits : « J'étais avec Pierre, mon fiancé, au *Palais des Nuits.* C'était un 3 août. M. Chacun nous avait conviés à un grand dîner privé sur le thème du trouble. Bien que ce fût un jour d'été, le personnel du *Palais des Nuits* avait allumé un feu dans la galerie d'entrée. Ce feu, en plein mois d'août, était insensé.

— Avez-vous remarqué quelque chose de singulier, en ce début de soirée ?

— Non, pas à ce moment-là. Il faisait chaud, c'est tout. Puis vinrent vers nous deux serveurs enturbannés. Ils nous proposèrent un cocktail à base de champagne. Je ne me souviens plus très bien de la suite du dîner. Je buvais l'élixir, allongée sur un divan en face de Pierre, parmi les autres invités, dans une musique assourdissante, quand je me sentis soudain décoller violemment au volant d'un vaisseau qui fonçait pleins phares dans les airs, frôlant les gratte-ciel de mon imaginaire à une vitesse vertigineuse. Je fus projetée dans le ciel et je crois même que j'atteignis la galaxie. Je voyais des étoiles et plein de lumières partout. Certains convives vinrent vers moi. Nous discutâmes comme si nous nous connaissions depuis longtemps. Nous en vînmes naturellement, au milieu des éclats de rire, à des attouchements. J'offrais ma fente au tout-venant. Dans une excitation intense, j'aspirai dans mon calice brûlant divers engins de toutes tailles. L'ambiance était féerique, sans contraintes ni limites. Peu à peu pourtant, les gens avec qui je copulais l'instant précédent disparurent un à un en perdant leur couleur et leur relief ; je les distinguai à peine, puis ne les vis plus du tout. J'entrai alors dans un univers sans couleurs, noir, dans lequel je ne voyais rien. Le silence régnait. Je découvris alors que j'avais atteint les fonds marins. Je nageais sans bouteille, librement, et fus rejointe rapidement par une musique jazzy très forte et par des poissons de dessins animés qui dansaient autour de moi, multicolores et fantastiques, en balançant leurs nageoires en rythme, se calquant sur les percussions de la batterie jouant à plein volume. Les algues tournoyaient autour de moi, m'enlaçaient le corps…

— Assez, madame, assez, coupa la présidente. Quand avez-vous retrouvé vos esprits ?

— Le lendemain, à l'aube. Amoncelés sur les tables et sur les divans, parmi des plats de cochonnailles gargantuesques inachevés, gisaient des hommes, des femmes inertes. Un vrai tas d'os et de chairs. Il était presque impossible de distinguer, dans la pâleur du petit matin, les corps des détritus. Un charnier, en somme, sauf qu'il n'était ni complètement vivant ni complètement mort. Hébétée, je me suis levée et, titubante, suis sortie au bras de Pierre dans la lumière du petit jour. Pendant deux jours, j'ai eu une grosse migraine. Mon médecin a conclu à de l'ingestion de drogue, vraisemblablement une chucky. Voilà mon témoignage. »

Un murmure collectif s'éleva de l'assemblée. Sur l'invitation de la présidente, Mme Lucus se rassit.

Tous ces témoignages étaient dérangeants. Le procureur en tira parti pour montrer que l'escalade des expériences de Balthazar ne pouvait qu'être le fait d'un homme à l'esprit supérieur et construit, pas l'esprit d'un fou, et qu'il ne pouvait être question de rechercher des circonstances atténuantes dans la conduite de l'inculpé. Les expertises diligentées dans le cadre de l'instruction confirmaient que l'accusé avait une constitution tout à fait normale et ne souffrait d'aucune maladie psychiatrique.

Barbara fut, enfin, invitée à plaider. Elle s'avança à la barre.

« Madame la présidente, mesdames et messieurs les jurés, vous allez juger les faits qui vont vous être exposés. Mon client, Balthazar Chacun, est accusé de meurtre par empoisonnement et d'anthropophagie. Vous avez tous, ou pratiquement tous, lu la presse. Vous savez que vous allez juger l'affaire la plus médiatique de ces dernières années. Ce n'est pas une raison pour vous laisser intimider. La seule chose que je vais vous demander à l'issue de ce procès, c'est de juger librement, en votre âme et conscience, sans penser aux journaux mais uniquement à ce que vous aurez vu et entendu ici. Vous êtes responsables, vous tenez la vie de cet homme entre vos mains. C'est fondamental.

« Mais de qui parle-t-on, au juste ? D'un homme, marié et père d'une petite fille, le plus grand chef de son époque. Un surdoué. Un génie qui a marqué bien des palais. Abandonné à la naissance, il grandit dans un orphelinat à Paris. Il y est élevé comme un numéro. Sans argent, mais surtout, sans amour. Il s'échappe de l'orphelinat et fuit toute scolarisation. Il traîne dans les milieux les plus sordides. Il rencontre par hasard Helga, sa future épouse. C'est alors qu'il décide, à l'issue d'une enfance dont peu d'entre nous seraient sortis indemnes, de faire quelque chose de sa vie. Il travaille chez l'oncle d'Helga durant de longues années, nuit et jour, sept jours sur sept, pour survivre puis pour vivre enfin et, progressivement, mettre un peu d'argent de côté. Il se marie, puis le jeune couple décide de monter son propre restaurant, *Arthus*. *Arthus* connaît rapidement un succès prodigieux. Balthazar Chacun gagne ses trois étoiles en quelques années.

« Alors qu'il est au faîte de sa gloire, il décide d'aller plus loin et d'entraîner ses clients et amis, ses "convives" comme il dit, dans une formidable aventure gustative. Il décide de leur faire déguster des mets de plus en plus extraordinaires, de plus en plus déroutants. Au bout de quelques années, il a goûté pratiquement tout ce qui existe : plus rien sur la terre qui n'ait échappé à ses casseroles, ses poêles, ses fours, son génie. C'est cette quête incessante de connaissance qui amène Balthazar, naturellement et logiquement, à découvrir, entre mille autre saveurs et arômes, des substances qui présentent la double originalité à ses yeux d'être à la fois nouvelles dans la cuisine occidentale et de produire des effets secondaires sur l'esprit de ses goûteurs — hallucinations, effets aphrodisiaques, vertiges, etc. —, substances que, dans son esprit, il est légitime de goûter et de faire goûter car elles sont produites par Dame Nature. Balthazar sert ces nouvelles substances à ses convives, un public averti et élitiste qu'il se doit de divertir et de surprendre. Il faut rappeler que ces expériences ravissent sa clientèle, aussi blasée que l'est Mme Lucus, devenue friande, voire dépendante, de ces expériences gustatives. C'est dans ce contexte de curiosité insatiable — curiosité de Balthazar et de ses convives – qu'il convient de replacer notre affaire.

« Balthazar découvre alors l'arôme de l'aconit et ses effets aphrodisiaques. Il en achète une quantité importante à l'étranger car la vente de cette substance est strictement contrôlée en France. Il lie la poudre d'aconit avec un fond de sauce de viande. L'ensemble est très bon. Il décide d'en faire un plat qu'il servira à ses convives. Il renouvelle l'expérience une fois, deux fois, trois fois. L'aconit, dans son esprit et dans celui des membres de son équipe, n'est pas la substance à haut risque que l'on vous a décrite au cours de cette audience. C'est devenu une simple épice, si commune et dépourvue de danger que les fioles qui le contiennent ne sont même pas cachées mais simplement posées sur une étagère de la cuisine, avec le poivre et les autres condiments. La poudre d'aconit a du goût, elle relève la sauce. Mais il en faut beaucoup pour qu'un palais exercé la sente dans les plats dont le goût est puissant. Balthazar et son équipe augmentent sensiblement les doses d'aconit, comme ils augmenteraient les doses de poivre ou le nombre d'airelles dans la composition d'un plat. Jusqu'au jour où l'un des convives, M. Pellati... peut-être est-il plus fragile que les autres, peut-être a-t-il été servi en dernier et, l'aconit se déposant dans le faitout comme le tanin dans le vin, le marmiton a-t-il raclé le fond du faitout et servi à M. Pellati une sauce plus forte en aconit qu'aux autres convives ? Peut-être encore M. Pellati a-t-il aimé cette sauce et demandé à un serveur de l'en resservir ?... En tout état de cause, M. Pellati, après avoir ingéré cette sauce, meurt dans le restaurant. Accidentellement. Car cette mort est accidentelle, et rien d'autre. Quel intérêt aurait eu M. Chacun à tuer un homme qui lui est totalement inconnu ? Pourquoi ruiner sciemment une vie si extraordinaire ? Lui qui a tout ? Lui qui est lié à un fonds d'investissement spécialisé dans les placements éthiques par un contrat de financement qui stipule expressément que toute infraction, même mineure, de type pénal, commise par le *Palais des Nuits* ou son dirigeant entraînera le remboursement sans délai des sommes avancées par le fonds — en l'espèce, une somme colossale — et donc l'asphyxie, la mort économique du restaurant ! Regardez bien mon client, pourquoi Balthazar Chacun aurait-il commis une chose pareille ? Cette mort était accidentelle. C'est décevant, mais c'est ainsi. Madame la présidente, mesdames et messieurs les jurés, cet homme est peut-être imprudent, mais il est innocent. Nous sommes tous harassés par cette journée d'audience, je vous propose d'en terminer là pour aujourd'hui. Lors de l'audience de demain, j'achèverai de démontrer que Balthazar n'a pas tué M. Pellati. Quant à l'anthropophagie, je démontrerai que la démarche de mon client n'était pas perverse, que certaines circonstances peuvent atténuer la gravité de son acte et que des solutions simples existent pour sauver cet homme et lui donner une chance de se réinsérer avec succès dans notre société. »

Barbara se rassit. La présidente annonça que l'audience était levée et donna rendez-vous aux différents intervenants pour le lendemain matin à neuf heures.

La jeune femme, essoufflée par sa longue plaidoirie, jeta un regard sur les jurés pendant qu'elle rangeait ses dossiers dans sa sacoche. Elle les avait ébranlés dans leur conviction, c'était certain. Elle leva les yeux vers Balthazar, assis dans son box. Il lui répondit par un regard furieux. Elle sortit de la salle d'audience puis du Palais de Justice, alla boire un verre à la terrasse d'un café à quelques centaines de mètres de là et prit sa voiture pour aller rejoindre Balthazar dans sa cellule.

*

« Barbara, qu'est-ce qui vous a pris ? Vous n'avez pas évoqué l'existence des lettres ! s'exclama Balthazar. Votre plaidoirie était superbe, mais vous avez oublié de parler des lettres !

— Quelles lettres ? répondit Barbara.

— Voyons, Barbara, les huit lettres anonymes que j'ai reçues au cours de ces cinq dernières années !

— Ah oui, les fameuses lettres dont vous m'avez parlé..., répondit-elle de manière évasive.

— Mais oui, s'écria-t-il, les fameuses lettres, comme vous dites. Elles sont essentielles pour prouver que j'ai été manipulé ! Que je n'avais pas toute ma raison ou en tout cas pas tout mon libre arbitre et que j'ai agi sous une pression extérieure !

— Voyons, Balthazar, ces lettres n'existent pas.

— Barbara, vous m'avez dit les avoir retrouvées à l'endroit même que je vous avais indiqué !

— Moi ? Pas du tout ! Ces lettres n'existent pas, à mon avis. Alors, imaginez-vous, il m'était difficile d'en faire état auprès de la Cour !

— Je sais que vous avez fouillé mon secrétaire. Je sais que vous avez été en possession de ces lettres puisque nous en avons étudié ensemble la teneur pour construire notre argumentation. Ne mentez pas ! Vous les auriez perdues ?

— Je ne les ai pas. Vous délirez.

— Vous les avez perdues ! Je le sentais ! Pourquoi ne pas me l'avoir dit plus tôt ? » Il était désolé. « Ce n'est pas grave, nous les connaissons tous les deux par cœur, ces lettres. Nous en exposerons la teneur à la Cour. Après tout, vous pourrez témoigner que vous les avez lues, qu'elles étaient en votre possession et que vous les avez égarées, n'est-ce pas, maître ?

— Vous savez, répondit-elle, il est très difficile d'arguer que vous avez agi sous l'empire d'une influence extérieure alors que ces lettres, m'avez-vous dit, sont anonymes, peu nombreuses — seulement huit en cinq ans ! — et ne contiennent ni menace ni incitation explicite à commettre le crime d'anthropophagie que vous, Balthazar Chacun, avez commis ! » Elle haussa le ton et planta dans les yeux de Balthazar un regard que celui-ci ne lui connaissait pas.

Balthazar était interloqué.

« Enfin, articula-t-il, vous m'avez bien dit depuis des semaines que vous alliez bâtir toute notre défense sur ces lettres ! Que mon salut reposait sur elles ! Que la majeure partie de votre plaidoirie de demain allait porter sur leur contenu, et sur l'analyse de la progression de la manipulation. Je connais d'ailleurs parfaitement l'argumentation que vous vouliez développer. Voyons, je reprends vos propres termes. Première lettre : incitation à sortir de la tendance miste et à créer une nouvelle tendance ! Deuxième lettre : sanction de la désobéissance de Balthazar Chacun à son Commandeur : la perte de la troisième étoile ! Troisième lettre : incitation à participer au concours de gastronomie et à disqualifier et déshonorer les candidats concurrents ! Quatrième lettre : incitation à créer le *Palais des Nuits* ! Cinquième lettre : incitation à conquérir la totalité des goûts de notre planète et même de l'univers ! Sixième lettre : incitation à faire goûter aux convives les paradis artificiels et à mêler les émotions à la dégustation ! Septième lettre : incitation à goûter les sécrétions du corps ! Et huitième lettre : incitation à l'anthropophagie ! Qu'avez-vous fait de notre argumentation ? » Et, devant le silence de Barbara : « Vous les auriez vendues... ? Qui vous a acheté ces lettres ? Le fonds d'investissement, pour se faire rembourser par anticipation ? Les journaux ? Lepan ? Répondez ! » Balthazar haussait le ton à son tour et devenait menaçant. « Répondez !

— Balthazar, sachez que je ne compte absolument pas faire état de ces lettres lors de l'audience de demain. Ni, d'ailleurs, développer une quelconque argumentation visant à vous faire acquitter par la Cour pour le crime que vous avez commis.

— Pourquoi ? Nous nous étions mis d'accord sur cette argumentation, elle était logique, elle était... » Balthazar criait, maintenant.

Barbara l'interrompit sèchement d'une voix calme : « Oui, vous avez raison, Balthazar, elle était remarquablement logique. Trop, même.

— Comment cela, trop logique ? Je ne comprends rien à vos réponses. Trop logique ? » Il marqua une pause. « Ne me dites pas… ne me dites pas que… C'est donc vous ? »

— Oui, c'est moi, Balthazar. Joli coup, non ? »

Balthazar ne répondit pas. Il était effaré. Il resta silencieux pendant de longues secondes. Puis il détourna la tête et contempla tristement le sol jaune crasseux de la pièce. Il était triste et hors de lui. Il pensa un instant la tuer. Mais il n'aurait jamais pu faire une chose pareille. Il essayait de comprendre, en vain.

« Pourquoi avoir fait cela ? Qui êtes-vous en réalité ? Une folle ? Une avocate en manque de dossiers à sensation ?

— Vous êtes bien réducteur, mon cher Balthazar, répondit-elle, agacée. Je suis, puisque vous semblez avoir besoin d'étiquettes, votre muse, votre avocate, et bien d'autres choses encore.

— Vous prétendez que vous êtes ma muse. Une muse inspire, une muse ne manipule pas ! Vous n'êtes qu'une manipulatrice ! Vous vous contentiez de cela ? Vous ne pouviez vivre à vous occuper de vous, de vos propres affaires ? Depuis plus de cinq ans, votre attention était rivée sur ma vie, mes ennuis, mes progrès, vous me téléguidiez. En fait, vous ne viviez pas par vous-même ! Votre handicap... »

Elle le coupa brutalement : « Vous avez raison, Balthazar, vous êtes une personne-écran, la personne au travers de laquelle je peux vivre toutes sortes d'expériences.

— Vous ne les vivez pas directement, ces expériences, vous les vivez par procuration !

— Oh non, rassurez-vous, j'en profite pleinement. Je suis également votre principal investisseur, vous savez !

— Quoi, c'est vous qui avez également financé la création du *Palais des Nuits* ?... » Balthazar faillit s'étrangler.

« Oui, c'est moi qui ai financé vos petites expériences gloutonnes. Ça a plutôt bien marché, et je vous remercie, Balthazar. Un très bon retour sur investissement, le *Palais des Nuits.* Il y a eu un ralentissement de la croissance à certains moments, mais qui a été très vite compensé, chaque fois que je vous ai écrit, par l'une de vos nouveautés. Pas mal d'ailleurs, votre petite dernière.

— Ainsi, vous n'avez fait cela que pour l'argent : trouver un bon placement au plan financier et un dossier sensationnel au plan professionnel !

— Non, non, vous vous trompez, pas uniquement. Il est vrai que le *Palais des Nuits* ne m'a pas seulement assuré des revenus confortables. Il m'a rendue riche, très riche même. Pourtant, l'essentiel n'est pas là. J'ai vécu, grâce à vous je dois avouer, des moments inoubliables tant ils étaient surprenants : l'abandon d'*Arthus*, un restaurant qui marchait si bien, pour un restaurant inconnu. L'abandon d'Helga, dont vous étiez si amoureux, Balthazar, pour des filles inconnues et vulgaires dont vous ne connaissiez même pas le nom. Pauvre épouse ! L'abandon de vos principes de vie et de vos réflexes moraux, pour une expérience extrêmement dangereuse et totalement débilitante. L'abandon d'une vie couronnée de succès pour une vie aventureuse. L'abandon de votre volonté, celle d'un homme sorti de rien et qui s'est hissé à la seule force du poignet, pour une vie de dépendance dans laquelle vous étiez un simple jouet. Vous justifiez votre progression dans l'horreur, tant auprès des médias qu'à vos propres yeux, par votre bataille contre une tendance, pauvre, certes, mais inoffensive, le misme, qui n'est ni plus ni moins qu'unc mode, et par le contentement des papilles de vos convives ! Quelles piètres justifications ! En fait, vos actes ne provenaient pas de vos batailles imaginaires ; ils trouvaient leur source dans une volonté extérieure, la mienne. Vous pensiez être un grand personnage, un de ceux dont la volonté, l'ambition et les œuvres marqueraient l'histoire d'une ville, d'une nation, du monde même. Mais vous n'étiez rien. Et la fin de votre histoire achèvera de le montrer. » Elle riait comme une enfant : « Je vous ai fabriqué, je vais vous casser.

— Mais pourquoi porter au faîte de la gloire, pour finalement le saboter, l'homme que vous avez progressivement construit à force de manipulation psychologique ? C'est insensé ! »

Le visage de Barbara se métamorphosa. Elle ricana. « La vie a fait de vous un gros fat. La vie a fait de moi une femme belle et comblée. Ma jeunesse avec vous m'a privée d'une main pour cuisiner. Votre condamnation à mort vous privera de tête à jamais. Plus de tête, plus de main, plus de tête, plus de main, plus de tête, plus de main ! » Elle chantait en dodelinant de la tête maintenant, sur un air de ronde enfantine. « On va saigner ce gros cochon de Chacun ! On a saigné le cochon, on va saigner Chacun ! »

Balthazar ne comprenait pas. Il la regardait, médusé. Ses yeux la scrutèrent. Et puis... ses yeux se plissèrent... il porta sa main à la bouche et s'exclama : « Oh, mais je vous reconnais, vous êtes, vous êtes... la Fille !

— Oui, c'est ça, Balthazar. Cette photographie te permettra peut-être de comprendre... » Barbara sortit de sa poche une photo, jaunie et racornie : « Me voilà à vingt ans, quelques jours avant mon intégration à l'École nationale de gastronomie : grosse, mais heureuse. Et pour cause : j'avais préparé ce concours pendant des années, je l'avais réussi et j'en étais fière. J'allais enfin concrétiser mon ambition : devenir la première femme chef à avoir fait cette école. Et puis, il y eut cet accident, dit-elle en montrant du menton son moignon.

« Oui, j'ai appris que vous aviez quitté précipitamment l'école après une mauvaise opération à la suite d'un accident, du moins, c'est ce que les professeurs nous ont dit à l'époque.

— Balthazar, j'ai quitté l'école après avoir perdu mon doigt. Et j'ai perdu ma main à cause de vous et de vos petits amis.

— Comment cela ? s'enquit Balthazar, interloqué et qui essayait de deviner à moitié l'horreur d'une histoire qu'il n'avait jamais sue. De quoi me parlez-vous ?

— Au cours de la rixe collective que vous avez menée le jour de la manifestation de "Défense du Terroir", alors que vous vous apprêtiez à me frapper, j'ai alerté le proviseur, Charles Hameur, par mes cris stridents. Au cours d'un entretien avec lui, je l'ai invité à exiger plus de discipline de la part de ses élèves. Seule fille à l'école, grosse de surcroît, j'étais en butte aux sarcasmes de mes camarades. Je voulais qu'il soit mis fin à toutes ces turbulences et travailler en paix. Hameur, piqué par ma critique, a pris sur-le-champ la résolution de vous enfermer au mitard pendant quelques jours. Vous connaissez la suite.

— Non, répondit Balthazar, je la devine.

— Lepan, Berthelin et Perduré ont eu connaissance de cet entretien avec Hameur. Le lendemain, ils m'ont coincée dans les toilettes de l'établissement, au fond du préau. Ils sentaient l'alcool. L'un d'eux, Berthelin je crois, faisait le guet. Les deux autres me plaquèrent au sol alors que j'essayais de m'enfuir. Lepan, assis à califourchon sur moi, sortit de sa poche un fin couteau de cuisine. Ivre de rire et d'alcool, le couteau à la main, il se tourna vers ses acolytes en disant : "On va saigner le cochon, on va saigner le cochon !" Terrifiée, je restai malgré moi muette. Il m'était impossible de crier au secours. Lepan me regarda méchamment en me disant : "Tu sais ce qu'on fait aux traîtres dans certains pays ?" Sans même attendre ma réponse, il perfora mon doigt d'un coup de couteau sec en hurlant pour couvrir mes cris de douleur : "On leur coupe la main !" Il continua : "Si tu parles, c'est la main tout entière qu'on te coupera !" Ce faisant, il me saisit le bras, et mit ma main dans un petit bol de verre, de ceux qu'on utilisait pour les cours de cuisine, et pressa mon doigt blessé pour en tirer le maximum de sang. »

En même temps qu'il écoutait Barbara, Balthazar, horrifié, songeait à cette nuit passée avec ses amis dans les cuisines de l'école, le soir de sa libération du mitard. Le cochon, le sang, ses sens atrophiés par l'alcool... Il frissonna.

Barbara continuait son récit : « Très affaiblie, terrifiée aussi par la vue de mon propre sang, je fus prise d'une nausée et m'évanouis. J'eus juste le temps d'entendre Perduré dire à vos amis : "Elle tourne de l'œil, fuyons !" Je ne sais combien de temps je demeurai là, inconsciente... quelques minutes, une heure, je ne sais pas. Lorsque je me réveillai enfin, je me sentis très faible. J'avais encore envie de vomir et ne sentais plus ma main, qui avait énormément enflé. L'hémorragie s'était arrêtée. Tout en regardant ma main, je constatai que les garçons m'avaient traînée sur le carrelage sale des latrines, afin de la poser précisément sur la bouche d'évacuation d'eau, de sorte que mon sang ne rougisse pas le sol. Je restai encore quelques minutes à terre, pour reprendre quelques forces. Je me levai enfin, péniblement. Mes vêtements étaient maculés. Je devais avoir beaucoup saigné. Titubante, je m'adossai quelques instants contre le lavabo. Je ne pensais qu'à m'enfuir de cet endroit sordide. Surtout, j'avais peur que mes agresseurs ne reviennent. Un peu remise, je décidai de sortir. Je marchai le plus vite que mes jambes flageolantes me le permettaient et sortis de l'école en me cachant de mon mieux. Je hélai un taxi pour me rendre à l'hôpital le plus proche. Je n'oublierai jamais le sentiment de soulagement que j'éprouvai ainsi à me fondre dans la foule anonyme des automobilistes. Mes nerfs lâchèrent à ce moment-là. Je pleurai longuement, en silence, jusqu'à la fin de la course. »

Balthazar s'enquit : « Et alors ?

— Alors le médecin, après avoir nettoyé la plaie, conclut après un examen rapide que celle-ci n'était pas aussi grave qu'il y paraissait — il s'agissait en fait d'une très large et profonde coupure, rien de plus —, mais qu'il fallait immédiatement opérer car elle s'était beaucoup infectée. Quelques dizaines de minutes plus tard, j'étais transportée en urgence sur un brancard en salle d'opération pour y subir cette intervention chirurgicale. J'en sortis le lendemain matin, le doigt totalement amputé : la plaie s'était gangrenée, j'étais venue trop tard à l'hôpital. Je restai hospitalisée trois jours, car mon état continuait à tracasser les médecins. Ils avaient raison : le mal progressait, l'amputation du doigt n'avait pas suffi. Une seconde opération intervenue le quatrième jour après la première acheva de me faire perdre ma main. Mes parents, accourus à mon chevet dès mon entrée à l'hôpital, insistèrent pour connaître les circonstances de l'accident. Je leur narrai une histoire insensée et les assurai que l'accident s'était produit en dehors des murs de l'école. Voilà.

— Mais, Barbara, pourquoi n'avez-vous pas porté plainte contre Lepan, Perduré et Berthelin ?

— J'avais peur de parler, Balthazar, très peur. Même au proviseur, même à la police. Et puis, traumatisée par cette agression abominable, je souhaitais l'oublier au plus vite. J'eus peu de mal à convaincre mes parents de me retirer de l'école : privée d'une main, il m'était impossible de continuer à cuisiner. Alitée de nombreuses semaines, puis à la maison durant de nombreux mois, mon esprit ressassait tous les détails de l'"accident qui m'avait coûté ma carrière de chef", comme disaient mes parents. Cette période de convalescence me permit de songer à toutes les vengeances possibles contre votre quatuor infernal.

— Pour les autres, j'admets votre désir de vengeance, rétorqua Balthazar, mais pour moi ? Je n'y suis pour rien ! Je n'ai jamais eu connaissance de cet horrible crime ! Pourquoi moi ?

— Parce quc vos amis m'ont agressée pour vous venger ! D'ailleurs, vous êtes le premier à disparaître, mais soyez-en assuré, ils vont mourir un à un !

— Mais moi, se défendit Balthazar, je n'ai pas participé à ce crime !

— La messe est dite, Balthazar. Vous mourrez. Mais j'ai été indulgente avec vous : parce que vous êtes le moins coupable dans cette histoire, vous mourrez le premier. Lepan, le plus cruel d'entre vous, mourra en dernier. Comme cela, sa peur ira grandissante, au fur et à mesure que ses camarades d'antan mourront à mes pieds. »

Balthazar avait peur maintenant. Il adopta un ton plus doux : « Soyez raisonnable ! Ne passez pas votre vie à vous venger, ce n'est pas un but estimable ! Faisons des choses ensemble ! Il faut que vous viviez enfin les choses de la vie sans intermédiaire ! »

Elle secoua la tête, comme résignée.

« Non, non. Vous avez fait votre temps. Vous êtes un véritable idiot et je n'aime pas les idiots. Et puis, je vous ai tout raconté, il est trop tard. Il faut que je passe à l'autre maintenant. »

Balthazar, concentré sur sa propre survie, frémit à peine à l'idée que cet « autre » était Berthelin ou Perduré. Les geôliers firent signe à Balthazar et à Barbara que l'entretien était fini. Balthazar se leva d'un bond : « Je n'ai pas dit mon dernier mot. Tout d'abord, sachez que, bien entendu, je refuse que vous continuiez à assurer ma défense à l'audience de demain. Vous êtes une folle. Une vraie folle. Mais je ne tomberai pas sous votre joug malveillant. Ou bien vous tomberez avec moi. »

Balthazar était fou de rage. Il fit un signe aux gardiens de le faire sortir et tourna les talons.

*

Les journaux du soir étaient déjà dans les kiosques quand Barbara sortit de la prison. Elle acheta tous les quotidiens disponibles et passa la soirée à les lire. Elle connaissait par cœur ce qu'elle allait dire au juge et aux jurés le lendemain, elle avait donc le temps. Les articles sur le procès faisaient la une de tous les journaux. Son nom et sa photo apparaissaient en gros. Les journalistes n'en finissaient pas de relever son talent et la qualité de sa plaidoirie. L'un deux titrait : « Malgré le manque flagrant de pièces et d'arguments en faveur de son client, maître Brigel se démène avec talent dans une affaire qui paraissait pourtant perdue d'avance. » D'autres annonçaient : « La Cour semble vaciller sous le poids de l'extraordinaire plaidoirie de l'avocate de M. Chacun », ou bien encore : « Duel musclé à la cour d'assises entre maître Brigel et le procureur : Brigel réussira-t-elle à convaincre demain les jurés de rendre à Chacun sa liberté ? » Cette lecture lui causa un immense plaisir. Elle se déshabilla, rangea ses affaires, prit un bain avec beaucoup de mousse, prépara ses vêtements pour le lendemain et s'endormit, sereine et souriante. Elle venait de remporter, plus facilement qu'elle ne le pensait au prime abord, l'avant-dernière manche.

Pendant ce temps, Balthazar, après de longues négociations avec les gardiens pour avoir l'autorisation de téléphoner, essaya de joindre quelques avocats. En vain. Il réussit à avoir Helga au téléphone. Elle ne savait rien de cette histoire de lettres. Tout au plus se souvenait-elle qu'ils avaient reçu, il y a environ cinq ans, une lettre anonyme, que Balthazar ne lui avait d'ailleurs même pas lue et qui semblait ne pas l'avoir inquiété. Elle ne pouvait apporter à la Cour un témoignage satisfaisant. Dans son for intérieur, elle pensait que Balthazar perdait le contrôle de lui-même. Si ces lettres avaient existé, pourquoi ne les lui avait-il pas montrées ? Pourquoi Barbara n'en avait-elle pas parlé à la Cour aujourd'hui ?

Il n'y avait donc, à part Balthazar, ni preuve ni témoin. Barbara avait sans doute calculé tout cela. Il était très tard dans la soirée. Barbara avait sans doute calculé cela aussi. L'audience devait reprendre le lendemain à neuf heures. Durant toute la nuit, il échafauda ce qu'il allait tenter de dire à l'audience. À l'aube enfin, il s'endormit, épuisé.

*

L'audience commença à l'heure. La salle était comble. Des journalistes prenaient des croquis. Balthazar avait été installé par deux gardiens dans le box de l'accusé. Ses yeux étaient rouges et exorbités. Il semblait fatigué et très nerveux. Il s'agitait constamment sur sa chaise. Barbara n'était pas arrivée. Elle n'était pas là ! Son regard balaya la salle. Il aperçut Diane et Helga, qui avait été transportée par deux infirmiers, assises sagement au deuxième rang. La petite fille avait d'immenses cernes sous les yeux. Pourtant, lorsqu'elle croisa le regard de son père, elle rassembla ce qui lui restait d'énergie pour lui sourire. Helga semblait triste, elle aussi. Ses yeux étaient bouffis et elle respirait avec peine.

Les jurés arrivèrent, le magistrat également. L'assemblée se leva, puis s'assit lorsque le juge les en pria d'un geste de la main. Le silence régnait. Barbara, vêtue de sa robe, entra alors dans la salle, en adressant un adorable petit signe d'excuse aux juges et aux jurés, feignant d'être en retard. C'est alors que Balthazar se leva d'un bond. Il fut rassis de force par les deux gardiens.

« Laissez-moi parler, hurlait Balthazar. Laissez-moi parler ! C'est de ma vie qu'il s'agit ! Il ne me reste peut-être que quelques jours à vivre ! » supplia-t-il. La présidente l'exhorta fermement au calme puis l'invita à s'exprimer.

« Madame la présidente, messieurs les jurés, cette femme, dit-il en montrant Barbara, cette femme est un monstre. » Les juges et les jurés regardèrent, médusés, Balthazar, puis Barbara. La jeune femme, plus belle que jamais, se tourna avec surprise vers son client. Le juge interrogea du regard les gardes. Peut-être l'accusé était-il sous l'emprise de calmants ? Devant les dénégations muettes des gardes, il invita Balthazar à poursuivre.

« Cette femme, continua Balthazar, cette femme a bouleversé ma vie. Elle m'écrit des lettres anonymes depuis cinq ans, et elle m'a manipulé. Pendant des années, j'ai agi sous ses instructions. Et si des crimes ont été commis, c'est par elle, pas par moi. J'ai été l'objet de la plus effroyable manipulation psychique qui ait jamais existé.

— Enfin, si cela est vrai, pourquoi l'avoir choisie pour avocate ? questionna la présidente.

— Je ne la connaissais pas. Je ne l'ai connue qu'en prison, quand elle s'est proposée pour me défendre. Comprenez-vous enfin, les lettres étaient anonymes !

— Enfin, monsieur, c'est inepte. Vous dites avoir agi sous une influence extérieure, soit. Mais pour cela, encore faut-il connaître la source de cette influence pour lui donner tant de vigueur que vous en perdez votre libre arbitre ! Et encore faudrait-il que cette menace existe réellement ! Où sont ces lettres ? demanda le magistrat, visiblement agacé.

— Elles étaient dans mon secrétaire personnel, dans mon bureau. Barbara Brigel les a volées !

— Avez-vous des preuves tangibles de ce vol ?

— Non, mais...

— Écoutez, monsieur Chacun, interrompit la présidente cela suffit maintenant. Vous perdez vos esprits. » Elle se tourna vers Barbara. « Maître Brigel, acceptez-vous de continuer à défendre M. Balthazar Chacun après un tel désaveu ?

— Oui, bien sûr, madame la présidente, répondit-elle calmement avec un léger sourire. Je comprends très bien la situation de mon client et l'état de nervosité dans lequel on peut se trouver dans pareil cas.

— C'est très bien », répondit le magistrat, non sans admiration pour cette avocate décidément très professionnelle.

Balthazar intervint à nouveau. « Madame la présidente, je ne veux pas que maître Brigel continue à assurer ma défense. Par ses plaidoiries, elle va me perdre. Elle veut ma mort ! Je suis sûre que c'est à cause de sa main ! » Un murmure monta de l'assemblée. Quel être vil et immoral ! Comment pouvait-il oser dire pareille chose ? Quel manque d'humanité et de reconnaissance ! C'était une avocate géniale, qui se démenait pour son client et qui avait même des chances de le sauver ! Incroyable.

Le magistrat lança un regard désapprobateur à Balthazar. « Monsieur, je vous prie de cesser immédiatement ces propos diffamatoires et blessants sur votre avocate qui est, permettez-moi de le préciser, très à la hauteur dans ce dossier et qui a fait preuve d'une maîtrise comme j'ai rarement pu en observer au cours de ma carrière. Nous comprenons tous l'état dans lequel on peut se trouver à votre place, cependant, que voulez-vous, la justice doit poursuivre son cours dans des conditions de sérénité et d'efficacité indispensables à son bon fonctionnement. Acceptez-vous, oui ou non, de continuer à vous faire défendre par maître Brigel ?

— Non.

— Je vous saurais gré de bien vouloir me dire si vous souhaitez confier la défense de vos intérêts à un autre avocat. Je vous précise toutefois que cette décision ne doit pas avoir pour effet de ralentir le cours de cette affaire. »

Balthazar bouillait de rage. Désorienté par le tour que prenait son intervention devant la Cour, épuisé par la nuit précédente, il essayait de réfléchir. Vite. Son silence se faisait long. La présidente ouvrait la bouche pour prendre la parole quand le regard de Balthazar croisa les yeux de Barbara. Elle le regardait, narquoise. Il lut dans ses yeux du mépris et, surtout, de l'amusement. Poussé à bout, énervé au plus haut point, il articula un « non » rageur.

« Dans ce cas, les jurés se prononceront sur ce qu'ils ont vu et entendu jusqu'à ce jour. » La présidente referma son épais dossier. Avant que la Cour se retire, elle donna lecture, d'une voix claire et forte, de l'instruction suivante : « La loi ne demande pas compte aux juges des moyens par lesquels ils se sont convaincus ; elle ne leur prescrit pas de règles desquelles ils doivent faire particulièrement dépendre la plénitude et la suffisance d'une preuve ; elle leur prescrit de s'interroger eux-mêmes, dans le silence et le recueillement, et de chercher, dans la sincérité de leur conscience, quelle impression ont faite, sur leur raison, les preuves rapportées contre l'accusé, et les moyens de sa défense. La loi ne leur fait que cette seule question, qui renferme toute la mesure de leurs devoirs : avez-vous une intime conviction ? » Puis elle fit sortir Balthazar de la salle d'audience, elle invita le service d'ordre à faire garder les issues de la chambre des délibérations, et déclara enfin l'audience suspendue : « L'audience est levée ! Les jurés peuvent se retirer pour délibérer. »

Les jurés se retirèrent solennellement dans la chambre des délibérations.

Barbara se leva et sortit en dernier. Elle avait besoin de calme et de repos. La partie avait été pour ses nerfs un peu plus dure que prévu. Derrière les portes, les journalistes l'attendaient avec des micros. « Maître, maître, à quoi attribuez-vous l'attitude suicidaire de votre client ? Maître, maître ! »

Barbara s'éclipsa. Helga et Diane l'attendaient dehors. Assistées des infirmiers d'Helga, elles sortirent toutes trois de l'enceinte du Palais de Justice et s'installèrent dans un café en face. Elles ôtèrent leur veste, s'assirent et commandèrent des boissons. Enfin, Helga prononça le premier mot. « Merci dit-elle, d'une voix rauque chargée de larmes contenues, merci beaucoup de ne pas avoir répondu aux journalistes. J'aurais compris de votre part des propos désobligeants à l'égard de mon mari, et je vous remercie de nous avoir épargné cette souffrance supplémentaire.

— Je vous en prie, Helga. C'est tout naturel.

— Vous êtes si bonne ! Je ne comprends pas l'attitude de mon mari. En refusant vos services, il s'est privé d'une solide défense et de nombreux arguments qui auraient pu avoir une influence capitale sur le délibéré. Quelle tristesse ! »

La pauvre femme était dans tous ses états. En revanche, la petite fille ne disait rien. De son regard sombre, elle scrutait le moindre battement de cils de Barbara. Elle plongea brusquement son regard dans ses yeux et les sonda. Barbara, gênée, régla précipitamment son addition et, prétextant un besoin impérieux de se reposer avant le prononcé du délibéré, prit congé des deux femmes.

CHAPITRE V

« Balthazar Chacun... Sa vie brisée en quelques secondes ! » titra ce jour-là *Must*, le tabloïd le plus populaire de ces années. La première de couverture incitait les lecteurs à vite se reporter aux pages 22 à 30 du magazine.

Cet après-midi du 12 juin, après plus de sept heures de délibéré, les neuf jurés ont rendu leur verdict unanime devant la cour d'assises de Paris : coupable pour meurtre et anthropophagie. La Cour a reconnu l'existence de circonstances aggravantes, et la nécessité, pour le maintien de la sécurité et de l'ordre publics, de prononcer l'exécution capitale ! Par ce délibéré, ils ont décidé que la vie de Balthazar Chacun doit prendre fin. Un silence de plomb suit le prononcé du délibéré. Il est si rare qu'un homme populaire, une star mondiale, soit condamné à la peine capitale ! Cela n'est presque jamais arrivé ! Ah, si seulement Balthazar Chacun avait laissé faire son avocate, maître Brigel, sans doute aurait-il sauvé sa tête ! Il paraît que maître Brigel s'apprêtait à faire devant la Cour des révélations capitales qui, d'après elle, auraient significativement changé la teneur du délibéré. Pendant le prononcé du délibéré, Balthazar Chacun, pétrifié, tourne la tête vers son avocate, maître Brigel, sans écouter la lecture de la sentence que fait madame la présidente Atlante. Son avocate a un sourire consolateur pour son client, et ses yeux s'emplissent de compassion pour le condamné qui a refusé la main qu'elle lui tendait. Des murmures parcourent la salle d'audience. Helga Chacun, la femme de Balthazar, a demandé à être habillée en blanc (elle est invalide), comme pour conjurer le triste sort qui s'abat sur son mari. Elle tient leur fille, Diane, par la main. La petite fille a le visage ruisselant de larmes. Pendant que le verdict de la peine capitale est prononcé, Helga se rembrunit et un nuage noir semble assombrir son beau tailleur blanc. Ses yeux se figent sur son mari. C'est atroce. On sent dans le regard de cette femme toute sa tristesse et son désarroi. Elle serre très fort la main de sa petite fille qui continue à pleurer. Tout le monde est ému. La salle est pleine et le public a chaud. Balthazar Chacun est emmené par deux gardes par la porte de derrière. Sans un mot. Sans un regard pour ce monde qu'il va quitter. C'est un moment très fort, que personne ne pourra oublier. La présidente et les jurés se retirent. Balthazar va nous quitter vendredi prochain, à sept heures trente du matin, à la salle des condamnations qui est située au Palais de Justice. Nous y assisterons pour vous. Rendez-vous dans notre prochain numéro pour un moment plein d'émotion. Courage, Balthazar !

Les photos prises à la sortie de l'audience représentaient les amis et les collègues de Balthazar, dont le nom était inscrit en légende sous la photo, accompagné de celui du couturier qui les avait habillés pour l'événement. On y voyait Lepan, qui, surmontant son chagrin, parvenait à confier aux journalistes quelques souvenirs qu'il avait de Balthazar. En page 28 figurait un portrait de Diane, qui éclatait en sanglots, le visage vers le haut comme une petite madone implorant la clémence divine. Sous la photo était écrit : « Diane en état de choc, privée de son papa pour toujours. » Suivait en dernière page un sondage qui posait plusieurs questions à un panel de lecteurs : « Si vous étiez la fille ou l'épouse d'un condamné à mort, assisteriez-vous à son exécution ? » « Pensez-vous que la peine capitale doit être administrée en public ou à huis clos ? » « Pensez-vous que la décapitation a plus d'impact que la chaise électrique ? » « Qui, d'après vous, parmi les jeunes chefs suivants » — suivait une liste de quelques noms — « sera le prochain Balthazar Chacun ? » « Il vous reste une semaine à vivre avant d'être exécuté, comment passez-vous les derniers moments qui vous restent à vivre ? » Etc.

Barbara était épuisée mais au comble de l'excitation. Son plan était parfait. Par un simple regard, sans dire un mot, elle avait amené Balthazar à commettre l'irréparable et à saboter sa propre défense. Ultime manipulation. Si Balthazar était condamné, ce serait par sa faute, et uniquement par sa faute, alors qu'il avait l'avocate la plus géniale de sa génération. Voilà ce que penseraient les gens. Les lettres et Balthazar anéantis, il ne resterait au monde aucune preuve de son ingérence dans la vie de Balthazar. Vendredi prochain, à sept heures trente du matin exactement, elle serait complètement soulagée.

Balthazar passa les derniers jours de sa vie à essayer de prouver aux autres qu'il avait été manipulé par des lettres. Le jour de son exécution, il essaya même de convaincre le prêtre qui était venu le visiter. À sept heures précises, deux geôliers le tirèrent de sa cellule et l'emmenèrent à la salle des condamnations. À sept heures quinze, il fut allongé par un homme vêtu de noir sur une plaque métallique. Ses pieds et ses mains furent attachés à de larges bracelets en acier qui firent *clac-clac*. Le bourreau lui prit le cou pour lui faire tourner la tête sur la gauche. Balthazar n'eut pas le temps de voir s'il y avait des gens dans la salle, et surtout si Helga et Diane étaient venues. Cependant, dès l'instant où sa face fut immobilisée sur sa gauche, il eut clairement le temps de voir, au fond de la salle, nonchalamment appuyée le long du mur,

Barbara. Il poussa un cri d'alerte que tout le monde prit pour un ultime hurlement à la mort, mais le couperet ne lui laissa pas le temps d'achever ce cri. La tête roula, le corps s'affaissa, les lumières du bloc de verre transparent dans lequel il avait été placé s'éteignirent, les lumières de la salle des condamnations se rallumèrent et l'assistance sortit en silence.

Épilogue

Barbara était confortablement assise à la terrasse de son café favori, celui qui se situe quasiment devant le square qui fait face au *Bon Marché*. On était dimanche midi, il faisait très beau et elle avait revêtu pour ce premier dimanche d'été son tailleur-pantalon grège, qui soulignait avec élégance sa silhouette parfaite de grande fille mince et brune. Une brise légère lui caressait agréablement les cheveux, que ses lunettes de soleil, posées sur sa tête, retenaient. Elle consommait à la paille, cette paille qui ne la quittait jamais, son café « allongé et bien chaud s'il vous plaît ». Elle souriait dans le vide. Son talent dans cette affaire avait été reconnu. Depuis lors, les appels téléphoniques de journalistes et de nouveaux clients n'en finissaient pas. Elle était fière. La vie était belle. Elle leva la tête et son regard fut attiré par les vitrines du grand magasin qui exposaient déjà les vêtements de la saison prochaine. La mode de l'hiver marquait le grand retour du noir. Beaucoup trop triste, tout ça. Les gens ne comprendraient-ils jamais qu'il faut s'habiller en couleurs ? Elle regarda les passants et les trouva laids. Eux n'étaient pas handicapés. Pourtant, malgré ce privilège extraordinaire, ils présentaient tous de gros défauts : trop gros, trop maigres, mal habillés, trop petits, trop grands. Leur laideur était révoltante et choquante : une insulte pour le regard. Elle était perdue dans ces pensées lorsque ses yeux se posèrent sur un homme. Malgré ses lunettes noires, il était très reconnaissable : le magnifique Karl Malevitch, une sommité en matière de génétique ! Il y a cinq ans, il avait créé dans son laboratoire une race exceptionnelle de chevaux qui remportaient tous les concours d'élégance et toutes les compétitions sportives. Pourrait-elle gérer ce dossier en même temps que celui de Xavier Berthelin et ses histoires d'eaux dans lesquelles il allait bientôt se noyer ? L'homme marchait vite. Il fallait se décider. Tout en continuant à fixer son dos du regard, elle régla fébrilement l'addition, se leva et le suivit à quelques mètres de distance. Une nouvelle affaire pleine de promesses.

DANS LA MÊME COLLECTION

JAMES CRUMLEY, *Un pour marquer la cadence.*

ALEX ABELLA, *Le massacre des saints.*

FRANCISCO GONZALEZ LEDESMA, *La dame de Cachemire.*

ROLO DIEZ, *Vladimir Ilitch contre les uniformes.*

CORMAC MCCARTHY, *Méridien de sang ou Le rougeoiement du soir dans l'Ouest.*

RAYMOND CHANDLER, *The long goodbye.*

KENT ANDERSON, *Sympathy for the devil.*

STEPHEN DOBYNS, *Un chien dans la soupe.*

DONALD GOINES, *Ne mourez jamais seul.*

FRANCISCO GONZALEZ LEDESMA, *Histoire de Dieu à un coin de rue.*

NINO FILASTO, *Cauchemar de dame.*

KEM NUNN, *La reine de Pomona.*

ALAIN PUISEUX, *Monsieur Sotheby et les oiseaux.*

HARRY CREWS, *La malédiction du gitan.*

JORGE IBARGÜENGOITIA, *Deux crimes.*

ALAIN DUBRIEU, *Le désert de l'iguane.*

DONALD GOINES, *Enfant de putain.*

HARRY CREWS, *Body.*

PETER GURALNICK, *Nighthawk Blues.*

LARRY BROWN, *Joe.*

PINO CACUCCI, *San isidro Football Club.*

ALAIN PUISEUX, *Cortez et Crisson.*

JAMES CRUMLEY, *Le canard siffleur mexicain.*

PETE DEXTER, *Deadwood.*

LUCIO MAD, *Les trafiqueurs.*

NEWTON THORNBURG, *Fin de fiesta à Santa Barbara.*

PHILIPPE ISARD, *Dialogues de morts.*

DONALD GOINES, *L'accro.*

LARRY BEINHART, *Reality Show.*

JEROME CHARYN ET MICHEL MARTENS, *Le geek de New York.*

MICHAEL GUINZBURG, *Envoie-moi au ciel, Scotty.*

GÉRARD REVE, *Le quatrième homme.*

FRÉDÉRIC NAPOLÉON ROUX, *Lève ton gauche ! suivi de P.-S.*

BARRY HANNAH, *La tête à l'envers.*

LUC BARANGER, *Visas antérieurs.*

NINO FILASTÓ, *La Proposition.*

EOIN MCNAMEE, *Le Trépasseur.*

K. C. CONSTANTINE, *Débine blues.*

HARRY CREWS, *Car.*

JEAN-PATRICK MANCHETTE, *Fatale.*

NICK TOSCHES, *Trinités.*

A. I. BEZZERIDES, *Le marché aux voleurs.*

LARRY BROWN, *Sale boulot.*

PIERRE MOINOT, *Attention à la peinture.*

MICHAEL GUINZBURG, *L'irremplaçable expérience de l'explosion de la tête.*

ROBERT SIMS REID, *La corvette rouge.*

JAMES CRUMLEY, *Les serpents de la frontière.*

HARRY CREWS, *Des mules et des hommes.*

COLLECTIF, *Le nouveau noir tome I (sous la direction de Jerome Charyn).*

J.-M. LACLAVETINE ET P. CHAUVET, *Port-paradis.*

BERNARD MATHIEU, *Zé.*

CHESTER HIMES, *Une messe en prison (nouvelles, tome I).*

CHESTER HIMES, *Le paradis des côtes de porc (nouvelles, tome II).*

DANIEL EVAN WEISS, *Les cafards n'ont pas de roi.*

COLLECTIF, *Le nouveau noir tome II (sous la direction de Jerome Charyn).*

JAMES SALLIS, *Le faucheux.*

LUCIO MAD, *Paradis B.*

CLAUDE COLLIGNON, *Les noyés du désert.*

FRANCISCO GONZALEZ LEDESMA, *Le dossier Barcelone.*

FRANCESCO GUCCINI ET LORIANO MACCHIAVELLI, *Macaroni.*

CARLO LUCARELLI, *Guernica.*

ROLO DIEZ, *Lune d'écarlate.*

ANTOINE BELLO, *Éloge de la pièce manquante.*

EMMETT GROGAN, *Ringolevio.*

ÉRIC HALPHEN, *Bouillottes.*

CHRIS OFFUTT, *Kentucky Straight.*

HENRY JOSEPH, *Le paradis des dinosaures Tome I.*

HENRY JOSEPH, *Le paradis des dinosaures Tome II.*

JAMES SALLIS, *La mort aura tes yeux.*

MAURICE G. DANTEC, *Babylon Babies.*

CHUCK PALAHNIUK, *Fight club.*

ROBERT SIMS REID, *Bêtes sauvages.*

LARRY BROWN, *Père et fils.*

BERNARD MATHIEU, *Otelo.*

ÉLISABETH STROMME, *L'écrivain public.*

TOM GRIMES, *La cité de Dieu.*

BARRY HANNAH, *Géronimo Rex.*

CHRIS OFFUTT, *Le bon frère.*

JAMES SALLIS, *Papillon de nuit.*

A. ET G. VAINER, *L'évangile du bourreau.*

SIMONA VINCI, *Où sont les enfants ?*

ÉDOUARD RIMBAUD, *Doudou.*

NELSON ALGREN, *Tricoté comme le diable.*

ABASSE NDIONE, *Ramata.*

ALAIN GAGNOL, *Est-ce que les aveugles sont plus malheureux que les sourds ?*

GEORGES SAUNDERS, *Grandeur et décadence d'un parc d'attractions.*

CHUCK PALAHNIUK, *Survivant.*

BEZZERIDES, *La longue route.*

JAMES SALLIS, *Le frelon noir.*

CARLO LUCARELLI, *Almost Blue.*

FRANCIS RYCK, *Sur le chemin des enfants morts.*

MICHAEL CIMINO, *Big Jane.*

MICHEL STEINER, *Les jouets.*

BÉATRICE JOYAUD, *Plaisir en bouche.*

Composition Nord Compo.
Reproduit et achevé d'imprimer sur Roto-Page
par l'Imprimerie Floch à Mayenne
le 7 novembre 2001.
Dépôt légal : novembre 2001.
Numéro d'imprimeur : 52863.
ISBN 2-07-076270-X / Imprimé en France.

4474